AF308662

LE
CODE DE COMMERCE,

ACCOMPAGNÉ

Du Texte annoté des Lois qui ont abrogé ou modifié plusieurs de ses dispositions, et de l'indication de ses articles corrélatifs;

SUIVI

Des Lois sur la contrainte par corps; d'un Tableau des distances de Paris aux chefs-lieux de départements; du rapport des mesures anciennes et nouvelles; de la concordance des deux calendriers; d'un Tableau de la dépréciation des assignats;

Et d'une Table analytique générale.

PARIS.

BRISSOT-THIVARS, LIBRAIRE-ÉDITEUR,

RUE DE L'ABBAYE-St-GERMAIN-DES-PRÉS, N° 14.

Ve CHARLES-BÉCHET, QUAI DES AUGUSTINS, N° 59.

1829.

LE CODE DE COMMERCE.

F 31697

PARIS. — IMPRIMERIE DE CASIMIR, RUE DE LA VIEILLE-MONNAIE, N° 12,
Près la rue des Lombards et la place du Châtelet

LE

CODE DE COMMERCE,

ACCOMPAGNÉ

DU TEXTE ANNOTÉ DES LOIS QUI ONT ABROGÉ OU MODIFIÉ PLUSIEURS DE SES DISPOSITIONS,

ET DE L'INDICATION DE SES ARTICLES CORRÉLATIFS;

SUIVI

DES LOIS SUR LA CONTRAINTE PAR CORPS; D'UN TABLEAU DES DISTANCES DE PARIS AUX CHEFS-LIEUX DE DÉPARTEMENTS; DU RAPPORT DES MESURES ANCIENNES ET NOUVELLES; DE LA CONCORDANCE DES DEUX CALENDRIERS; D'UN TABLEAU DE LA DÉPRÉCIATION DES ASSIGNATS;

ET D'UNE TABLE ANALYTIQUE GÉNÉRALE.

PARIS.

BRISSOT-THIVARS, LIBRAIRE-ÉDITEUR,

RUE DE L'ABBAYE-SAINT-GERMAIN-DES-PRÉS, N° 14;

Vve CHARLES BÉCHET, QUAI DES AUGUSTINS, N° 59.

1829.

CODE
DE COMMERCE.

LIVRE PREMIER.

DU COMMERCE EN GÉNÉRAL.

(TIT. Ier. — VII. Loi décrétée le 10 septembre 1807, promulguée le 20.— TIT. VIII. Loi décrétée le 11, promulguée le 21.)

TITRE PREMIER.

Des Commerçants.

Art. 1er. Sont commerçants ceux qui exercent des actes de commerce, et en font leur profession habituelle. [Co. 85, 622 s. 638.]

2. Tout mineur émancipé de l'un et de l'autre sexe, âgé de dix-huit ans accomplis, qui voudra profiter de la faculté que lui accorde l'art. 487 du Code civil, de faire le commerce, ne pourra en commencer les opérations, ni être réputé majeur quant aux engagements par lui contractés pour faits de commerce, 1° s'il n'a été préalablement autorisé par son père, ou par sa mère, en cas de décès, interdiction ou absence du père, ou, à défaut du père et de la mère, par une délibération du conseil de famille, homologuée par le tribunal civil; 2° si, en outre, l'acte d'autorisation n'a été enregistré et affiché au tribunal de commerce du lieu où le mineur veut établir son domicile. [Co. 6, 114.—C. 1125, 1308.]

3. La disposition de l'article précédent est applicable aux mineurs même non commerçants, à l'égard de tous les faits qui sont déclarés faits de commerce par les dispositions des art. 632 et 633.

4. La femme ne peut être marchande publique sans le consentement de son mari. [Co. 5, 7.—C. 217, 1125.]

5. La femme, si elle est marchande publique, peut, sans l'autorisation de son mari, s'obliger pour ce qui concerne son négoce; et, audit cas, elle oblige aussi son mari, s'il y a communauté entre eux.

Elle n'est pas réputée marchande publique, si elle ne fait que détailler les marchandises du commerce de son mari; elle n'est réputée telle que lorsqu'elle fait un commerce séparé. [Co. 7.—C. 220.]

6. Les mineurs marchands, autorisés comme il est dit ci-dessus, peuvent engager et hypothéquer leurs immeubles.

Ils peuvent même les aliéner, mais en suivant les formalités prescrites par les articles 457 et suivants du Code civil. [Co. 2, 114.—C. 460, 484, 487, 2084, 2126.]

7. Les femmes marchandes publiques peuvent également engager, hypothéquer et aliéner leurs immeubles.

Toutefois leurs biens stipulés dotaux, quand elles sont mariées sous le régime dotal, ne peuvent être hypothéqués ni aliénés que dans les cas déterminés et avec les formes réglées par le Code civil. [Co. 4, 67.—C. 1538, 1558, 2124.]

TITRE DEUXIÈME.

Des Livres de commerce.

8. Tout commerçant est tenu d'avoir un livre-journal qui *présente,* jour par jour, ses dettes actives et passives, les opérations de son commerce, ses négociations, acceptations ou endossements d'effets, et généralement tout ce qu'il reçoit et paie, à quelque titre que ce soit; et qui *énonce,* mois par mois, les sommes employées à la dépense de sa maison : le tout indépendamment des autres livres usités dans le commerce, mais qui ne sont pas indispensables.

Il est tenu de mettre en liasse les lettres missives qu'il reçoit, et de copier sur un registre celles qu'il envoie. [Co. 10 s. 586 s.]

9. Il est tenu de faire, tous les ans, sous seing privé, un inventaire de ses effets mobiliers et immobiliers, et de ses dettes actives et passives, et de le copier, année par année, sur un registre spécial à ce destiné. [Co. 14.]

10. Le livre-journal et le livre des inventaires seront paraphés et visés une fois par année.

Le livre de copies de lettres ne sera pas soumis à cette formalité.

Tous seront tenus par ordre de dates, sans blancs, lacunes ni transports en marge.

11. Les livres dont la tenue est ordonnée par les art. 8 et 9 ci-dessus, seront cotés, paraphés et visés, soit par un des juges des tribunaux de commerce, soit par le maire ou un adjoint, dans la forme ordinaire et sans frais. Les commerçants seront tenus de conserver ces livres pendant dix ans.

12. Les livres de commerce, régulièrement tenus, peuvent être admis par le juge pour faire preuve entre commerçants pour faits de commerce. [Co. 14 s. 17. — C. 1329.]

13. Les livres que les individus faisant le commerce sont obligés de tenir, et pour lesquels ils n'auront pas observé les formalités ci-dessus prescrites, ne pourront être représentés ni faire foi en justice, au profit de ceux qui les auront tenus, sans préjudice de ce qui sera réglé au livre des *Faillites et Banqueroutes*. [Co. 17, 587, 593.]

14. La communication des livres et inventaires ne peut être ordonnée en justice que dans les affaires de succession, communauté, partage de société, et en cas de faillite. [C. 440 s. 463.]

15. Dans le cours d'une contestation, la représentation des livres peut être ordonnée par le juge, même d'office, à l'effet d'en extraire ce qui concerne le différend. [Co. 12 s. 17.]

16. En cas que les livres dont la représentation est offerte, requise ou ordonnée, soient dans des lieux éloignés du tribunal saisi de l'affaire, les juges peuvent adresser une commission rogatoire au tribunal de commerce du lieu, ou déléguer un juge de paix pour en prendre connaissance, dresser un procès-verbal du contenu, et l'envoyer au tribunal saisi de l'affaire. [Pr. 1035.]

17. Si la partie aux livres de laquelle on offre d'ajouter foi refuse de les représenter, le juge peut déférer le serment à l'autre partie. [Co. 12 s. — C. 1366 s. — Pr. 120 s.]

TITRE TROISIÈME.

Des Sociétés.

SECTION I. — *Des diverses Sociétés, et de leurs Règles.*

18. Le contrat de société se règle par le droit civil, par les lois particulières au commerce, et par les conventions des parties. [C. 1832 s. 1873.]

19. La loi reconnaît trois espèces de sociétés commerciales :

La société en nom collectif,

La société en commandite,

La société anonyme. [Co. 47 s.]

20. La *société en nom collectif* est celle que contractent deux personnes ou un plus grand nombre, et qui a pour objet de faire le commerce sous une raison sociale. [Co. 39, 41 s.]

21. Les noms des associés peuvent seuls faire partie de la raison sociale. [Co. 23, 25.]

22. Les associés en nom collectif indiqués dans l'acte de société sont solidaires pour tous les engagements de la société, encore qu'un seul des associés ait signé, pourvu que ce soit sous la raison sociale. [Co. 20. — C. 1862. s.]

23. La *société en commandite* se contracte entre un ou plusieurs associés responsables et solidaires, et un ou plusieurs associés, simples bailleurs de fonds, que l'on nomme *commanditaires* ou *associés en commandite.*

Elle est régie sous un nom social, qui doit être nécessairement celui d'un ou de plusieurs des associés responsables et solidaires. [Co. 26 s. 38 s. 41 s.]

24. Lorsqu'il y a plusieurs associés solidaires et en nom, soit que tous gèrent ensemble, soit qu'un ou plusieurs gèrent pour tous, la société est, à la fois, société en nom collectif à leur égard, et société en commandite à l'égard des simples bailleurs de fonds.

25. Le nom d'un associé commanditaire ne peut faire partie de la raison sociale. [Co. 21, 23.]

26. L'associé commanditaire n'est passible des pertes que jusqu'à concurrence des fonds qu'il a mis ou a dû mettre dans la société. [Co. 22 s. 27 s. 33. — C. 1862 s.]

27. L'associé commanditaire ne peut faire aucun acte de gestion, ni être employé pour les affaires de la société, même en vertu de procuration.

28. En cas de contravention à la prohibition mentionnée dans l'article précédent, l'associé commanditaire est obligé solidairement, avec les associés en nom collectif, pour toutes les dettes et engagements de la société.

29. La *société anonyme* n'existe point sous un nom social : elle n'est désignée par le nom d'aucun des associés. [Co. 37, 40, 45.]

30. Elle est qualifiée par la désignation de l'objet de son entreprise.

31. Elle est administrée par des mandataires à temps, révocables, associés ou non associés, salariés ou gratuits.

32. Les administrateurs ne sont responsables que de l'exécution du mandat qu'ils ont reçu.

Ils ne contractent, à raison de leur gestion, aucune obligation personnelle ni solidaire relativement aux engagements de la société.

33. Les associés ne sont passibles que de la perte du montant de leur intérêt dans la société.

34. Le capital de la société anonyme se divise en actions et même en coupons d'action d'une valeur égale.

35. L'action peut être établie sous la forme d'un titre au porteur.

Dans ce cas, la cession s'opère par la tradition du titre.

36. La propriété des actions peut être établie par une inscription sur les registres de la société.

Dans ce cas, la cession s'opère par une déclaration de transfert inscrite sur les registres, et signée de celui qui fait le transport ou d'un fondé de pouvoir.

37. La société anonyme ne peut exister qu'avec l'autorisation du Roi, et avec son approbation pour l'acte qui la constitue; cette approbation doit être donnée dans la forme prescrite pour les réglements d'administration publique. [Co. 29 s. 40, 45.]

38. Le capital des sociétés en commandite pourra être aussi divisé en actions, sans aucune autre dérogation aux règles établies pour ce genre de société. [Co. 34 s.]

39. Les sociétés en nom collectif ou en commandite doivent être constatées par des actes publics ou sous signature privée, en se conformant, dans ce dernier cas, à l'art. 1325 du Code civil. [Co. 20, 23, 41 s. 49.—C. 1325, 1341, 1347, 1834.]

40. Les sociétés anonymes ne peuvent être formées que par des actes publics. [Co. 29 s. 37, 45 s.]

41. Aucune preuve par témoins ne peut être admise contre et outre le contenu dans les actes de société, ni sur ce qui serait allégué avoir été dit avant l'acte, lors de l'acte ou depuis, encore qu'il s'agisse d'une somme au-dessous de cent cinquante francs. [Co. 39.—C. 1341, 1834.]

42. L'extrait des actes de société en nom collectif et en commandite doit être remis, dans la quinzaine de leur date, au greffe du tribunal de commerce de l'arrondissement dans lequel est établie la maison du commerce social, pour être transcrit sur le registre, et affiché pendant trois mois dans la salle des audiences.

Si la société a plusieurs maisons de commerce situées dans divers arrondissements, la remise, la transcription et l'affiche de cet extrait, seront faites au tribunal de commerce de chaque arrondissement. — Ces formalités seront observées, à peine de nullité à l'égard des intéressés; mais le défaut d'aucune d'elles ne pourra être opposé à des tiers par les associés. [Co. 20, 23, 39 s. 45 s. 64.]

43. L'extrait doit contenir

Les noms, prénoms, qualités et demeures des associés autres que les actionnaires ou commanditaires,

La raison de commerce de la société,

La désignation de ceux des associés autorisés à gérer, administrer et signer pour la société,

Le montant des valeurs fournies ou à fournir par action ou en commandite,

L'époque où la société doit commencer, et celle où elle doit finir.

44. L'extrait des actes de société est signé, pour les actes publics, par les notaires, et, pour les actes sous seing privé, par tous les associés, si la société est en nom collectif, et par les associés solidaires ou gérants, si la société est en commandite, soit qu'elle se divise ou ne se divise pas en actions.

45. L'ordonnance du Roi qui autorise les sociétés anonymes devra être affichée avec l'acte d'association et pendant le même temps. [Co. 37, 42.]

46. Toute continuation de société, après son terme expiré, sera constatée par une déclaration des coassociés.

Cette déclaration, et tous actes portant dissolution de société avant le terme fixé pour sa durée par l'acte qui l'établit, tout changement ou retraite d'associés, toutes nouvelles stipulations ou clauses, tout changement à la raison de société, sont soumis aux formalités prescrites par les art. 42, 43 et 44.

En cas d'omission de ces formalités, il y aura lieu à l'application des dispositions pénales de l'art. 42, troisième alinéa.

47. Indépendamment des trois espèces de sociétés ci-dessus, la loi reconnaît les *associations commerciales en participation.* [Co. 19 s.]

48. Ces associations sont relatives à une ou plusieurs *opérations de commerce;* elles ont lieu pour les objets, dans les formes, avec les proportions d'intérêt et aux conditions convenues entre les participants.

49. Les associations en participation peuvent être constatées par la représentation des livres, de la correspondance, ou par la preuve testimoniale, si le tribunal juge qu'elle peut être admise. [Co. 109.]

50. Les associations commerciales en participation ne sont pas sujettes aux formalités prescrites pour les autres sociétés. [Co. 39 s. 42 s. 46.]

SECTION II. — *Des Contestations entre Associés, et de la Manière de les décider.*

51. Toute contestation entre associés, et pour raison de la société, sera jugée par des arbitres. [Co. 62.—Pr. 1005 s.]

52. Il y aura lieu à l'appel du jugement arbitral ou au pourvoi en cassation, si la renonciation n'a pas été stipulée. L'appel sera porté devant la cour royale. [Co. 63. — Pr. 1010, 1023.]

53. La nomination des arbitres se fait

Par un acte sous signature privée,

Par acte notarié,

Par acte extrajudiciaire,

Par un consentement donné en justice. [Co. 55.—Pr. 1005 s.]

54. Le délai pour le jugement est fixé par les parties, lors de la nomination des arbitres; et, s'ils ne sont pas d'accord sur le délai, il sera réglé par les juges.

55. En cas de refus de l'un ou de plusieurs des associés de nommer des arbitres, les arbitres sont nommés d'office par le tribunal de commerce. [Pr. 1012.]

56. Les parties remettent leurs pièces et mémoires aux arbitres, sans aucune formalité de justice. [Pr. 1016.]

57. L'associé en retard de remettre les pièces et mémoires est sommé de le faire dans les dix jours. [Pr. 1009.]

58. Les arbitres peuvent, suivant l'exigence des cas, proroger le délai pour la production des pièces.

59. S'il n'y a renouvellement de délai, ou si le nouveau délai

est expiré, les arbitres jugent sur les seules pièces et mémoires remis. [Pr. 1012.]

60. En cas de partage, les arbitres nomment un surarbitre, s'il n'est nommé par le compromis : si les arbitres sont discordants sur le choix, le surarbitre est nommé par le tribunal de commerce.

61. Le jugement arbitral est motivé.

Il est déposé au greffe du tribunal de commerce.

Il est rendu exécutoire sans aucune modification, et transcrit sur les registres, en vertu d'une ordonnance du président du tribunal, lequel est tenu de la rendre pure et simple, et dans le délai de trois jours du dépôt au greffe. [Pr. 1019.]

62. Les dispositions ci-dessus sont communes aux veuves, héritiers ou ayant-cause des associés. [Pr. 1012.]

63. Si des mineurs sont intéressés dans une contestation pour raison d'une société commerciale, le tuteur ne pourra renoncer à la faculté d'appeler du jugement arbitral. [Co. 52. — Pr. 1010.]

64. Toutes actions contre les associés non liquidateurs et leurs veuves, héritiers ou ayant-cause, sont prescrites cinq ans après la fin ou la dissolution de la société, si l'acte de société qui en énonce la durée, ou l'acte de dissolution, a été affiché et enregistré conformément aux art. 42, 43, 44 et 46, et si, depuis cette formalité remplie, la prescription n'a été interrompue à leur égard par aucune poursuite judiciaire.

TITRE QUATRIÈME.

Des Séparations de Biens.

65. Toute demande en séparation de biens sera poursuivie, instruite et jugée conformément à ce qui est prescrit au Code civil, liv. III, tit. V, chap. II, sect. III, et au Code de procédure civile, deuxième partie, liv. I, tit. VIII. [C. 1441 s. — Pr. 865 s.]

66. Tout jugement qui prononcera une séparation de corps ou un divorce entre mari et femme dont l'un serait commerçant, sera soumis aux formalités prescrites par l'art. 872 du Code de procédure civile; à défaut de quoi, les créanciers seront toujours admis à s'y opposer, pour ce qui touche leurs intérêts, et à contredire toute liquidation qui en aurait été la suite.

67. Tout contrat de mariage entre époux dont l'un sera commerçant, sera transmis par extrait, dans le mois de sa date, aux greffes et chambres désignés par l'art. 872 du Code de procédure civile, pour être exposé au tableau, conformément au même article. — Cet extrait annoncera si les époux sont mariés en communauté, s'ils sont séparés de biens, ou s'ils ont contracté sous le régime dotal.

68. Le notaire qui aura reçu le contrat de mariage sera tenu de faire la remise ordonnée par l'article précédent, sous peine de cent francs d'amende, et même de destitution et de responsabilité envers les créanciers, s'il est prouvé que l'omission soit la suite d'une collusion.

69. Tout époux séparé de biens, ou marié sous le régime dotal, qui embrasserait la profession de commerçant postérieurement à son mariage, sera tenu de faire pareille remise dans le mois du jour où il aura ouvert son commerce, à peine, en cas de faillite, d'être puni comme banqueroutier frauduleux. [Co. 67 s. 593.]

70. La même remise sera faite, sous les mêmes peines, dans l'année de la publication de la présente loi, par tout époux séparé de biens, ou marié sous le régime dotal, qui, au moment de ladite publication, exercerait la profession de commerçant. [Pr. 67.]

TITRE CINQUIÈME.

Des Bourses de Commerce, Agents de Change et Courtiers.

SECTION I. — *Des Bourses de Commerce.*

71. La bourse de commerce est la réunion qui a lieu, sous l'autorité du Roi, des commerçants, capitaines de navire, agents de change et courtiers. [Co. 75, 614.]

72. Le résultat des négociations et des transactions qui s'opèrent dans la bourse détermine le cours du change, des marchandises, des assurances, du fret ou nolis, du prix des transports par terre ou par eau, des effets publics et autres dont le cours est susceptible d'être coté.

73. Ces divers cours sont constatés par les agents de change et courtiers, dans la forme prescrite par les réglements de police généraux ou particuliers. [Co. 76.]

SECTION II. — *Des Agents de change et Courtiers.*

74. La loi reconnaît, pour les actes de commerce, des agents intermédiaires ; savoir, les agents de change et les courtiers. [Co. 76, 78, 81, 83.]

75. Il y en a dans toutes les villes qui ont une bourse de commerce.

Ils sont nommés par le Roi.

76. Les agents de change, constitués de la manière prescrite par la loi, ont seuls le droit de faire les négociations des effets publics et autres susceptibles d'être cotés ; de faire pour le compte d'autrui les négociations des lettres de change ou billets, et de tous papiers commerçables, et d'en constater le cours.

Les agents de change pourront faire, concurremment avec les courtiers de marchandises, les négociations et le courtage des ventes ou achats des matières métalliques. Ils ont seuls le droit d'en constater le cours. [Co. 78, 83 s. 87 s.]

77. Il y a des courtiers de marchandises,

Des courtiers d'assurances,

Des courtiers interprètes et conducteurs de navires,

Des courtiers de transport par terre et par eau. [Co. 81 s.]

78. Les courtiers de marchandises, constitués de la manière prescrite par la loi, ont seuls le droit de faire le courtage des marchandises, d'en constater le cours ; ils exercent, concurremment avec les agents de change, le courtage des matières métalliques. [Co. 76, 81 s.]

79. Les courtiers d'assurances rédigent les contrats ou polices d'assurances, concurremment avec les notaires ; ils en attestent la vérité par leur signature, certifient le taux des primes pour tous les voyages de mer ou de rivière. [Co. 81 s.]

80. Les courtiers interprètes et conducteurs de navires font le courtage des affrétements : ils ont, en outre, seuls le droit de traduire, en cas de contestations portées devant les tribunaux, les déclarations, chartes-parties, connaissements, contrats, et tous actes de commerce dont la traduction serait nécessaire ; enfin, de constater le cours du fret ou du nolis.

Dans les affaires contentieuses de commerce, et pour le service des douanes, ils serviront seuls de truchement à tous étrangers, maîtres de navire, marchands, équipages de vaisseau et autres personnes de mer. [Co. 81 s.]

81. Le même individu peut, si l'acte du gouvernement qui l'institue l'y autorise, cumuler les fonctions d'agent de change, de courtier de marchandises ou d'assurances, et de courtier interprète et conducteur de navires. [Co. 77 s.]

82. Les courtiers de transport par terre et par eau, constitués selon la loi, ont seuls, dans les lieux où ils sont établis, le droit de faire le courtage des transports par terre et par eau : ils ne peuvent cumuler, dans aucun cas et sous aucun prétexte, les fonctions de courtiers de marchandises, d'assurances, ou de courtiers conducteurs de navires, désignées aux art. 78, 79 et 80.

83. Ceux qui ont fait faillite ne peuvent être agents de change ni courtiers, s'ils n'ont été réhabilités. [Co. 604 s.]

84. Les agents de change et courtiers sont tenus d'avoir un livre revêtu des formes prescrites par l'art. 11.

Ils sont tenus de consigner dans ce livre, jour par jour, et par ordre de dates, sans ratures, interlignes ni transpositions, et sans abréviations ni chiffres, toutes les conditions des ventes, achats, assurances, négociations, et en général de toutes les opérations faites par leur ministère.

85. Un agent de change ou courtier ne peut, dans aucun cas et sous aucun prétexte, faire des opérations de commerce ou de banque pour son compte.

Il ne peut s'intéresser directement ni indirectement, sous son nom, ou sous un nom interposé, dans aucune entreprise commerciale.

Il ne peut recevoir ni payer pour le compte de ses commettants. [Co. 87.]

86. Il ne peut se rendre garant de l'exécution des marchés dans lesquels il s'entremet.

87. Toute contravention aux dispositions énoncées dans les deux articles précédents entraîne la peine de destitution, et une condamnation d'amende qui sera prononcée par le tribunal de police correctionnelle, et qui ne peut être au-dessus de trois mille francs, sans préjudice de l'action des parties en dommages et intérêts.

88. Tout agent de change ou courtier destitué en vertu de l'article précédent ne peut être réintégré dans ses fonctions.

89. En cas de faillite, tout agent de change ou courtier est poursuivi comme banqueroutier. [Co. 438 s. 506 s.—P. 404.]

90. Il sera pourvu, par des réglements d'administration publique, à tout ce qui est relatif à la négociation et transmission de propriété des effets publics. [P. 421.]

TITRE SIXIÈME.

Des Commissionnaires.

SECTION I. — *Des Commissionnaires en général.*

91. Le commissionnaire est celui qui agit en son propre nom, ou sous un nom social, pour le compte d'un commettant. [Co. 107.]

92. Les devoirs et les droits du commissionnaire qui agit au nom d'un commettant sont déterminés par le Code civil, liv. III, tit. XIII. [C. 1984 s. 1992.]

93. Tout commissionnaire qui a fait des avances sur des marchandises à lui expédiées d'une autre place pour être vendues pour le compte d'un commettant, a privilége, pour le remboursement de ses avances, intérêts et frais, sur la valeur des marchandises, si elles sont à sa disposition, dans ses magasins, ou dans un dépôt public, ou si, avant qu'elles soient arrivées, il peut constater, par un connaissement ou par une lettre de voiture, l'expédition qui lui en a été faite. [Co. 95, 106, 285, 308, 577.—C. 2102.]

94. Si les marchandises ont été vendues et livrées pour le compte du commettant, le commissionnaire se rembourse sur le produit de la vente, du montant de ses avances, intérêts et frais, par préférence aux créanciers du commettant. [Co. 106.]

95. Tous prêts, avances ou paiements qui pourraient être faits sur des marchandises déposées ou consignées par un individu résidant dans le lieu du domicile du commissionnaire, ne donnent privilége au commissionnaire ou dépositaire, qu'autant qu'il s'est conformé aux dispositions prescrites par le Code civil, liv. III, tit. XVII, pour les prêts sur gage ou nantissements. [Co. 93.—C. 2074 s.]

SECTION II. — *Des Commissionnaires pour les transports par terre et par eau.*

96. Le commissionnaire qui se charge d'un transport par terre ou par eau, est tenu d'inscrire sur son livre-journal la déclaration de la nature et de la quantité des marchandises, et,

s'il en est requis, de leur valeur. [Co. 8 s. 107. — C. 1782 s. — P. 386 s.]

97. Il est garant de l'arrivée des marchandises et effets dans le délai déterminé par la lettre de voiture, hors les cas de la force majeure légalement constatée. [Co. 100 s. 104, 108. — C. 1783 s. — P. 386 s.]

98. Il est garant des avaries ou pertes de marchandises et effets, s'il n'y a stipulation contraire dans la lettre de voiture, ou force majeure. [Co. 100, 103, 108. — C. 1784.]

99. Il est garant des faits du commissionnaire intermédiaire auquel il adresse les marchandises. [Co. 108. — C. 1784.]

100. La marchandise sortie du magasin du vendeur ou de l'expéditeur, voyage, s'il n'y a convention contraire, aux risques et périls de celui à qui elle appartient, sauf son recours contre le commissionnaire et le voiturier chargés du transport. [Co. 97.]

101. La lettre de voiture forme un contrat entre l'expéditeur et le voiturier, ou entre l'expéditeur, le commissionnaire et le voiturier.

102. La lettre de voiture doit être datée.

Elle doit exprimer

La nature et le poids ou la contenance des objets à transporter,

Le délai dans lequel le transport doit être effectué.

Elle indique

Le nom et le domicile du commissionnaire par l'entremise duquel le transport s'opère, s'il y en a un,

Le nom de celui à qui la marchandise est adressée,

Le nom et le domicile du voiturier.

Elle énonce

Le prix de la voiture,

L'indemnité due pour cause de retard.

Elle est signée par l'expéditeur ou le commissionnaire.

Elle présente en marge les marques et numéros des objets à transporter.

La lettre de voiture est copiée par le commissionnaire sur un registre coté et paraphé, sans intervalle et de suite.

SECTION III. — *Du Voiturier.*

103. Le voiturier est garant de la perte des objets à transporter, hors les cas de la force majeure.

Il est garant des avaries autres que celles qui proviennent du vice propre de la chose ou de la force majeure. [Co. 98, 105, 107 s. — C. 1782 s.]

104. Si, par l'effet de la force majeure, le transport n'est pas effectué dans le délai convenu, il n'y a pas lieu à indemnité contre le voiturier pour cause de retard. [Co. 97.]

105. La réception des objets transportés et le paiement du prix de la voiture éteignent toute action contre le voiturier.

106. En cas de refus ou contestation pour la réception des objets transportés, leur état est vérifié et constaté par des experts nommés par le président du tribunal de commerce, ou, à son défaut, par le juge de paix, et par ordonnance au pied d'une requête.

Le dépôt ou séquestre, et ensuite le transport dans un dépôt public, peuvent en être ordonnés.

La vente peut en être ordonnée en faveur du voiturier, jusqu'à concurrence du prix de la voiture. [Co. 93.]

107. Les dispositions contenues dans le présent titre sont communes aux maîtres de bateaux, entrepreneurs de diligences et voitures publiques. [Co. 91 s. 96 s.]

108. Toutes actions contre le commissionnaire et le voiturier, à raison de la perte ou de l'avarie des marchandises, sont prescrites après six mois, pour les expéditions faites dans l'intérieur de la France, et après un an, pour celles faites à l'étranger; le tout à compter, pour les cas de perte, du jour où le transport des marchandises aurait dû être effectué, et pour les cas d'avarie, du jour où la remise des marchandises aura été faite; sans préjudice des cas de fraude ou d'infidélité. [Co. 97 s. 103 s.]

TITRE SEPTIÈME.

Des Achats et Ventes.

109. Les achats et ventes se constatent,

Par actes publics, [C. 1317 s.]

Par actes sous signature privée, [C. 1322 s.]

Par le bordereau ou arrêté d'un agent de change ou courtier, dûment signé par les parties, [Co. 84.]

Par une facture acceptée,

Par la correspondance,

Par les livres des parties, [Co. 8 s.]

Par la preuve testimoniale, dans le cas où le tribunal croira devoir l'admettre. [C. 1341 s.]

TITRE HUITIÈME.

De la Lettre de change, du Billet à ordre et de la Prescription.

SECTION I. — *De la Lettre de change.*

§ I. — *De la Forme de la Lettre de change.*

110. La lettre de change est tirée d'un lieu sur un autre. [Co. 112.]

Elle est datée.

Elle énonce

La somme à payer,

Le nom de celui qui doit payer, [Co. 112.]

L'époque et le lieu où le paiement doit s'effectuer, [Co. 129.]

La valeur fournie en espèces, en marchandises, en compte, ou de toute autre manière.

Elle est à l'ordre d'un tiers, ou à l'ordre du tireur lui-même.

Si elle est par première, deuxième, troisième, quatrième, etc., elle l'exprime. [Co. 147 s.]

111. Une lettre de change peut être tirée sur un individu, et payable au domicile d'un tiers. [Co. 115.]

Elle peut être tirée par ordre et pour le compte d'un tiers.

112. Sont réputées simples promesses toutes lettres de change contenant supposition, soit de nom, soit de qualité, soit de domicile, soit des lieux d'où elles *sont* tirées ou dans lesquels elles *sont* payables. [Co. 139, 636 s.]

113. La signature des femmes et des filles non négociantes ou marchandes publiques sur lettres de change, ne vaut, à leur égard, que comme simple promesse. [Co. 637.]

114. Les lettres de change souscrites par des mineurs non négociants sont nulles à leur égard; sauf les droits respectifs des parties, conformément à l'art. 1312 du Code civil.

§ II. — *De la Provision.*

115. La provision doit être faite par le tireur, ou par celui pour le compte de qui la lettre de change sera tirée, sans que le tireur cesse d'être personnellement obligé (1).

116. Il y a provision, si, à l'échéance de la lettre de change, celui sur qui elle est fournie est redevable au tireur, ou à celui pour compte de qui elle est tirée, d'une somme au moins égale au montant de la lettre de change.

117. L'acceptation suppose la provision.

Elle en établit la preuve à l'égard des endosseurs.

Soit qu'il y ait ou non acceptation, le tireur seul est tenu de prouver, en cas de dénégation, que ceux sur qui la lettre était

(1) (Loi du 19 mars 1817.)

Art. 1er. L'article 115 du Code de commerce sera modifié ainsi qu'il suit :

« La provision doit être faite par le tireur, ou par celui pour le compte de qui la lettre de change sera tirée, sans que le tireur, pour compte d'autrui, cesse d'être personnellement obligé envers les endosseurs et le porteur seulement. »

2. L'art. 160 du même Code le sera ainsi qu'il suit :

« Le porteur d'une lettre de change tirée du continent et des îles de l'Europe, et payable dans les possessions européennes de la France, soit à vue, soit à un ou plusieurs jours, mois ou usances de vue, doit en exiger le paiement ou l'acceptation dans les six mois de sa date, sous peine de perdre son recours sur les endosseurs, et même sur le tireur, si celui-ci a fait provision.

« Le délai est de huit mois pour les lettres de change tirées des Échelles du Levant et des côtes septentrionales de l'Afrique, sur les possessions européennes de la France ; et réciproquement, du continent et des îles de l'Europe sur les établissements français aux Échelles du Levant et aux côtes septentrionales de l'Afrique.

« Le délai est d'un an pour les lettres de change tirées des côtes occidentales de l'Afrique, jusques et compris le cap de Bonne-Espérance.

« Il est aussi d'un an pour les lettres de change tirées du continent et des îles des Indes occidentales sur les possessions européennes de la France ; et réciproquement, du continent et des îles de l'Europe sur les possessions françaises ou établissements français aux côtes occidentales de l'Afrique, au continent et aux îles des Indes occidentales.

« Le délai est de deux ans pour les lettres de change tirées du continent et des îles des Indes orientales sur les possessions européennes de la France ; et réciproquement, du continent et des îles de l'Europe sur les possessions françaises ou établissements français au continent et aux îles des Indes orientales.

« La même déchéance aura lieu contre le porteur d'une lettre de change à vue, à un ou plusieurs jours, mois ou usances de vue, tirée de la France, des possessions ou établissements français, et payable dans les pays étrangers, qui n'en exigera pas le paiement ou l'acceptation dans les délais ci-dessus prescrits pour chacune des distances respectives.

« Les délais ci-dessus, de huit mois, d'un an ou de deux ans, sont doubles en cas de guerre maritime.

« Les dispositions ci-dessus ne préjudicieront néanmoins pas aux stipulations contraires qui pourraient intervenir entre le preneur, le tireur et même les endosseurs. »

3. Les tireurs et endosseurs français de lettres de change de l'espèce désignée en l'art. 2, paragraphe 1er de la présente loi, lesquelles se trouveraient actuellement en circulation, ne pourront être poursuivis en recours faute de paiement, si lesdites lettres n'ont été présentées en paiement ou à l'acceptation dans les délais fixés par le même article précédent, en comptant, pour cette fois seulement, ces délais à dater de six mois après la publication de la présente loi.

tirée, avaient provision à l'échéance : sinon il est tenu de la garantir, quoique le protêt ait été fait après les délais fixés. [Co. 118 s. 170.]

§ III. — *De l'Acceptation.*

118. Le tireur et les endosseurs d'une lettre de change sont garants solidaires de l'acceptation et du paiement à l'échéance. [Co. 121 s. 128, 136 s. 140, 143 s.]

119. Le refus d'acceptation est constaté par un acte que l'on nomme *protêt faute d'acceptation.* [Co. 126, 163 s. 173 s.]

120. Sur la notification du protêt faute d'acceptation, les endosseurs et le tireur sont respectivement tenus de donner caution pour assurer le paiement de la lettre de change à son échéance, ou d'en effectuer le remboursement avec les frais de protêt et de rechange.

La caution, soit du tireur, soit de l'endosseur, n'est solidaire qu'avec celui qu'elle a cautionné.

121. Celui qui accepte une lettre de change contracte l'obligation d'en payer le montant. [Co. 148.]

L'accepteur n'est pas restituable contre son acceptation, quand même le tireur aurait failli à son insu avant qu'il eût accepté.

122. L'acceptation d'une lettre de change doit être signée.

L'acceptation est exprimée par le mot *accepté.*

Elle est datée, si la lettre est à un ou plusieurs jours ou mois de vue,

Et, dans ce dernier cas, le défaut de date de l'acceptation rend la lettre exigible au terme y exprimé, à compter de sa date.

123. L'acceptation d'une lettre de change payable dans un autre lieu que celui de la résidence de l'accepteur, indique le domicile où le paiement doit être effectué ou les diligences faites.

124. L'acceptation ne peut être conditionnelle ; mais elle peut être restreinte quant à la somme acceptée.

Dans ce cas, le porteur est tenu de faire protester la lettre de change pour le surplus.

125. Une lettre de change doit être acceptée à sa présentation, ou au plus tard dans les vingt-quatre heures de la présentation.

Après les vingt-quatre heures, si elle n'est pas rendue acceptée ou non acceptée, celui qui l'a retenue est passible de dommages-intérêts envers le porteur.

§ IV. — *De l'Acceptation par intervention.*

126. Lors du protêt faute d'acceptation, la lettre de change peut être acceptée par un tiers intervenant pour le tireur ou pour l'un des endosseurs.

L'intervention est mentionnée dans l'acte du protêt; elle est signée par l'intervenant. [Co. 158 s. 173 s.]

127. L'intervenant est tenu de notifier sans délai son intervention à celui pour qui il est intervenu.

128. Le porteur de la lettre de change conserve tous ses droits contre le tireur et les endosseurs, à raison du défaut d'acceptation par celui sur qui la lettre était tirée, nonobstant toutes acceptations par intervention. [Co. 118, 160.]

§ V. — *De l'Échéance.*

129. Une lettre de change peut être tirée
à vue, [Co. 130.]
à un ou plusieurs jours
à un ou plusieurs mois } de vue,
à une ou plusieurs usances
à un ou plusieurs jours
à un ou plusieurs mois } de date,
à une ou plusieurs usances
à jour fixe ou à jour déterminé,
en foire. [Co. 133.]

130. La lettre de change à vue est payable à sa présentation. [Co. 160 s.]

131. L'échéance d'une lettre de change
à un ou plusieurs jours
à un ou plusieurs mois } de vue,
à une ou plusieurs usances
est fixée par la date de l'acceptation, ou par celle du protêt faute d'acceptation.

132. L'usance est de trente jours, qui courent du lendemain de la date de la lettre de change.

Les mois sont tels qu'ils sont fixés par le calendrier grégorien.

133. Une lettre de change payable en foire est échue la veille du jour fixé pour la clôture de la foire, ou le jour de la foire, si elle ne dure qu'un jour. [Co. 161 s.]

134. Si l'échéance d'une lettre de change est à un jour férié légal, elle est payable la veille. [Co. 161 s.]

135. Tous délais de grâce, de faveur, d'usage ou d'habitude locale, pour le paiement des lettres de change, sont abrogés. [Co. 157, 161 s.]

§ VI. — *De l'Endossement.*

136. La propriété d'une lettre de change se transmet par la voie de l'endossement. [Co. 138, 140.]

137. L'endossement est daté.

Il exprime la valeur fournie.

Il énonce le nom de celui à l'ordre de qui il est passé.

138. Si l'endossement n'est pas conforme aux dispositions de l'article précédent, il n'opère pas le transport; il n'est qu'une procuration. [Co. 583 s.]

139. Il est défendu d'antidater les ordres, à peine de faux.

§ VII. — *De la Solidarité.*

140. Tous ceux qui ont signé, accepté ou endossé une lettre de change, sont tenus à la garantie solidaire envers le porteur. [Co. 118, 187. — C. 1200 s.]

§ VIII. — *De l'Aval.*

141. Le paiement d'une lettre de change, indépendamment de l'acceptation et de l'endossement, peut être garanti par un aval. [Co. 118, 187.]

142. Cette garantie est fournie, par un tiers, sur la lettre même ou par acte séparé.

Le donneur d'aval est tenu solidairement et par les mêmes voies que les tireur et endosseurs, sauf les conventions différentes des parties. [Co. 164 s. 171.]

§ IX. — *Du Paiement.*

143. Une lettre de change doit être payée dans la monnaie qu'elle indique.

144. Celui qui paie une lettre de change avant son échéance, est responsable de la validité du paiement.

145. Celui qui paie une lettre de change à son échéance et sans opposition, est présumé valablement libéré. [Co. 149 s.]

146. Le porteur d'une lettre de change ne peut être contraint d'en recevoir le paiement avant l'échéance.

147. Le paiement d'une lettre de change fait sur une seconde, troisième, quatrième, etc., est valable, lorsque la seconde, troisième, quatrième, etc., porte que ce paiement annulle l'effet des autres.

148. Celui qui paie une lettre de change sur une seconde, troisième, quatrième, etc., sans retirer celle sur laquelle se trouve son acceptation, n'opère point sa libération à l'égard du tiers porteur de son acceptation. [Co. 121.]

149. Il n'est admis d'opposition au paiement qu'en cas de perte de la lettre de change, ou de faillite du porteur.

150. En cas de perte d'une lettre de change *non acceptée*, celui à qui elle appartient peut en poursuivre le paiement sur une seconde, troisième, quatrième, etc. [Co. 148, 152, 154, 175.]

151. Si la lettre de change perdue est revêtue de l'acceptation, le paiement ne peut en être exigé sur une seconde, troisième, quatrième, etc., que par ordonnance du juge, et en donnant caution. [Co. 155.]

152. Si celui qui a perdu la lettre de change, qu'elle soit acceptée ou non, ne peut représenter la seconde, troisième, quatrième, etc., il peut demander le paiement de la lettre de change perdue, et l'obtenir par l'ordonnance du juge, en justifiant de sa propriété par ses livres, et en donnant caution. [Co. 155.]

153. En cas de refus de paiement, sur la demande formée en vertu des deux articles précédents, le propriétaire de la lettre de change perdue conserve tous ses droits par un acte de protestation.

Cet acte doit être fait le lendemain de l'échéance de la lettre de change perdue.

Il doit être notifié aux tireur et endosseurs, dans les formes et délais prescrits ci-après pour la notification du protêt. [Co. 165 s.]

154. Le propriétaire de la lettre de change égarée doit, pour s'en procurer la seconde, s'adresser à son endosseur immédiat, qui est tenu de lui prêter son nom et ses soins pour agir envers son propre endosseur; et ainsi en remontant d'endosseur en endosseur jusqu'au tireur de la lettre. Le propriétaire de la lettre de change égarée supportera les frais.

155. L'engagement de la caution, mentionné dans les articles 151 et 152, est éteint après trois ans, si, pendant ce temps, il n'y a eu ni demandes ni poursuites juridiques. [Co. 189.]

156. Les paiements faits à compte sur le montant d'une lettre de change sont à la décharge des tireur et endosseurs.

Le porteur est tenu de faire protester la lettre de change pour le surplus. [Co. 163, 173 s.]

157. Les juges ne peuvent accorder aucun délai pour le paiement d'une lettre de change.

§ X. — *Du Paiement par intervention.*

158. Une lettre de change protestée peut être payée par tout intervenant pour le tireur ou pour l'un des endosseurs.

L'intervention et le paiement seront constatés dans l'acte de protêt ou à la suite de l'acte. [Co. 126 s. — C. 1236.]

159. Celui qui paie une lettre de change par intervention, est subrogé aux droits du porteur, et tenu des mêmes devoirs pour les formalités à remplir.

Si le paiement par intervention est fait pour le compte du tireur, tous les endosseurs sont libérés.

S'il est fait pour un endosseur, les endosseurs subséquents sont libérés.

S'il y a concurrence pour le paiement d'une lettre de change par intervention, celui qui opère le plus de libérations est préféré.

Si celui sur qui la lettre était originairement tirée, et sur qui a été fait le protêt faute d'acceptation, se présente pour la payer, il sera préféré à tous autres. [Co. 119, 160. — C. 1236.]

§ XI. — *Des Droits et Devoirs du Porteur.*

160. Le porteur d'une lettre de change tirée du continent et des îles de l'Europe, et payable dans les possessions européennes de la France, soit à vue, soit à un ou plusieurs jours ou mois ou usances de vue, doit en exiger le paiement ou l'acceptation dans les six mois de sa date, sous peine de perdre son recours sur les endosseurs et même sur le tireur, si celui-ci a fait provision.

Le délai est de huit mois pour la lettre de change tirée des Échelles du Levant et des côtes septentrionales de l'Afrique, sur les possessions européennes de la France : et réciproquement, du continent et des îles de l'Europe sur les établissements français aux Échelles du Levant et aux côtes septentrionales de l'Afrique.

Le délai est d'un an pour les lettres de change tirées des côtes occidentales de l'Afrique, jusques et compris le cap de Bonne-Espérance.

Il est aussi d'un an pour les lettres de change tirées du continent et des îles des Indes occidentales sur les possessions européennes de la France; et réciproquement, du continent et des îles de l'Europe sur les possessions françaises ou établissements français aux côtes occidentales de l'Afrique, au continent et aux îles des Indes occidentales.

Le délai est de deux ans pour les lettres de change tirées du continent et des îles des Indes orientales sur les possessions européennes de la France; et réciproquement, du continent et des îles de l'Europe sur les possessions françaises ou établissements français au continent et aux îles des Indes orientales.

Les délais ci-dessus de huit mois, d'un an et de deux ans, sont doublés en temps de guerre maritime (1). [Co. 118 s. 125, 187.]

161. Le porteur d'une lettre de change doit en exiger le paiement le jour de son échéance.

162. Le refus de paiement doit être constaté, le lendemain du jour de l'échéance, par un acte que l'on nomme *protêt faute de paiement.*

Si ce jour est un jour férié légal, le protêt est fait le jour suivant. [Co. 133 s. 173 s. 184 s.]

163. Le porteur n'est dispensé du protêt faute de paiement, ni par le protêt faute d'acceptation, ni par la mort ou faillite de celui sur qui la lettre de change est tirée.

Dans le cas de faillite de l'accepteur avant l'échéance, le porteur peut faire protester, et exercer son recours. [Co. 173 s.]

164. Le porteur d'une lettre de change protestée faute de paiement peut exercer son action en garantie,

Ou individuellement contre le tireur et chacun des endosseurs,

Ou collectivement contre les endosseurs et le tireur.

La même faculté existe pour chacun des endosseurs, à l'égard du tireur et des endosseurs qui le précèdent. [Co. 140 s. 153, 172.]

(1) *Voyez*, sous l'article 115, la loi du 19 mars 1817.

165. Si le porteur exerce le recours individuellement contre son cédant, il doit lui faire notifier le protêt, et, à défaut de remboursement, le faire citer en jugement dans les quinze jours qui suivent la date du protêt, si celui-ci réside dans la distance de cinq myriamètres.

Ce délai, à l'égard du cédant domicilié à plus de cinq myriamètres de l'endroit où la lettre de change était payable, sera augmenté d'un jour par deux myriamètres et demi excédant les cinq myriamètres. [Co. 164, 167 s. 171 s.]

166. Les lettres de change tirées de France et payables hors du territoire continental de la France, en Europe, étant protestées, les tireur et endosseurs résidant en France seront poursuivis dans les délais ci-après:

De deux mois pour celles qui étaient payables en Corse, dans l'île d'Elbe, ou de Capraja, en Angleterre et dans les États limitrophes de la France;

De quatre mois pour celles qui étaient payables dans les autres États de l'Europe;

De six mois pour celles qui étaient payables aux Échelles du Levant et sur les côtes septentrionales de l'Afrique;

D'un an pour celles qui étaient payables aux côtes occidentales de l'Afrique, jusques et compris le cap de Bonne-Espérance, et dans les Indes occidentales;

De deux ans pour celles qui étaient payables dans les Indes orientales.

Ces délais seront observés dans les mêmes proportions pour le recours à exercer contre les tireur et endosseurs résidant dans les possessions françaises situées hors d'Europe.

Les délais ci-dessus, de six mois, d'un an et de deux ans, seront doublés en temps de guerre maritime. [Co. 164, 167 s. 171 s.]

167. Si le porteur exerce son recours collectivement contre les endosseurs et le tireur, il jouit, à l'égard de chacun d'eux, du délai déterminé par les articles précédents.

Chacun des endosseurs a le droit d'exercer le même recours, ou individuellement, ou collectivement, dans le même délai.

A leur égard, le délai court du lendemain de la date de la citation en justice. [Co. 165 s. 168 s.]

168. Après l'expiration des délais ci-dessus,

Pour la présentation de la lettre de change à vue, ou à un ou plusieurs jours ou mois ou usances de vue,

Pour le protêt faute de paiement,

Pour l'exercice de l'action en garantie,

Le porteur de la lettre de change est déchu de tous droits contre les endosseurs. [Co. 160 s. 162, 164 s. 171.]

169. Les endosseurs sont également déchus de toute action en garantie contre leurs cédants, après les délais ci-dessus prescrits, chacun en ce qui le concerne. [Co. 160 s. 164.]

170. La même déchéance a lieu contre le porteur et les endosseurs, à l'égard du tireur lui-même, si ce dernier justifie qu'il y avait provision à l'échéance de la lettre de change.

Le porteur, dans ce cas, ne conserve d'action que contre celui sur qui la lettre était tirée. [Co. 115 s. 160 s. 171.]

171. Les effets de la déchéance prononcée par les trois articles précédents cessent en faveur du porteur, contre le tireur, ou contre celui des endosseurs qui, après l'expiration des délais fixés pour le protêt, la notification du protêt ou la citation en jugement, a reçu par compte, compensation ou autrement, les fonds destinés au paiement de la lettre de change.

172. Indépendamment des formalités prescrites pour l'exercice de l'action en garantie, le porteur d'une lettre de change protestée faute de paiement, peut, en obtenant la permission du juge, saisir conservatoirement les effets mobiliers des tireur, accepteurs et endosseurs. [Co. 164 s.]

§ XII. — *Des Protêts.*

173. Les protêts faute d'acceptation ou de paiement sont faits par deux notaires, ou par un notaire et deux témoins, ou par un huissier et deux témoins.

Le protêt doit être fait

Au domicile de celui sur qui la lettre de change était payable, ou à son dernier domicile connu,

Au domicile des personnes indiquées par la lettre de change pour la payer au besoin,

Au domicile du tiers qui a accepté par intervention;

Le tout par un seul et même acte.

En cas de fausse indication de domicile, le protêt est précédé d'un acte de perquisition. [Co. 162 s. 175, 184 s. 187.]

174. L'acte de protêt contient

La transcription littérale de la lettre de change, de l'acceptation, des endossements, et des recommandations qui y sont indiquées,

La sommation de payer le montant de la lettre de change.

Il énonce

La présence ou l'absence de celui qui doit payer,

Les motifs du refus de payer, et l'impuissance ou le refus de signer.

175. Nul acte, de la part du porteur de la lettre de change, ne peut suppléer l'acte de protêt, hors le cas prévu par les art. 150 et suivants, touchant la perte de la lettre de change.

176. Les notaires et les huissiers sont tenus, à peine de destitution, dépens, dommages-intérêts envers les parties, de laisser copie exacte des protêts, et de les inscrire en entier, jour par jour et par ordre de dates, dans un registre particulier, coté, paraphé, et tenu dans les formes prescrites pour les répertoires. [C. 1146. — Pr. 1031.]

§ XIII. — *Du Rechange.*

177. Le rechange s'effectue par une retraite. [Co. 180 s.]

178. La retraite est une nouvelle lettre de change, au moyen de laquelle le porteur se rembourse sur le tireur, ou sur l'un des endosseurs, du principal de la lettre protestée, de ses frais, et du nouveau change qu'il paie. [Co. 110 s. 181 s. 184.]

179. Le rechange se règle, à l'égard du tireur, par le cours du change du lieu où la lettre de change était payable, sur le lieu d'où elle a été tirée.

Il se règle, à l'égard des endosseurs, par le cours du change du lieu où la lettre de change a été remise ou négociée par eux, sur le lieu où le remboursement s'effectue. [Co. 71 s. 181 s.]

180. La retraite est accompagnée d'un compte de retour.

181. Le compte de retour comprend

Le principal de la lettre de change protestée,

Les frais de protêt et autres frais légitimes, tels que commission de banque, courtage, timbre et ports de lettres.

Il énonce le nom de celui sur qui la retraite est faite, et le prix du change auquel elle est négociée.

Il est certifié par un agent de change.

Dans les lieux où il n'y a pas d'agent de change, il est certifié par deux commerçants. [Co. 186.]

Il est accompagné de la lettre de change protestée, du protêt, ou d'une expédition de l'acte de protêt.

Dans le cas où la retraite est faite sur l'un des endosseurs, elle est accompagnée, en outre, d'un certificat qui constate le cours du change du lieu où la lettre de change était payable, sur le lieu d'où elle a été tirée. [Co. 186.]

182. Il ne peut être fait plusieurs comptes de retour sur une même lettre de change.

Ce compte de retour est remboursé d'endosseur à endosseur respectivement, et définitivement par le tireur.

183. Les rechanges ne peuvent être cumulés. Chaque endosseur n'en supporte qu'un seul, ainsi que le tireur.

184. L'intérêt du principal de la lettre de change protestée faute de paiement, est dû à compter du jour du protêt. [Co. 162, 173, 187.]

185. L'intérêt des frais de protêt, rechange, et autres frais légitimes, n'est dû qu'à compter du jour de la demande en justice.

186. Il n'est point dû de rechange, si le compte de retour n'est pas accompagné des certificats d'agents de change ou de commerçants, prescrits par l'art. 181.

SECTION II. — *Du Billet à ordre.*

187. Toutes les dispositions relatives aux lettres de change, et concernant [Co. 110.]

L'échéance, [Co. 129 s.]

L'endossement, [Co. 136.]

La solidarité, [Co. 140.]

L'aval, [Co. 141 s.]

Le paiement, [Co. 143 s.]

Le paiement par intervention, [Co. 158 s.]

Le protêt, [Co. 173 s.]

Les devoirs et droits du porteur, [Co. 160 s.]

Le rechange ou les intérêts, [Co. 177 s.]

sont applicables aux billets à ordre, sans préjudice des dispositions relatives aux cas prévus par les art. 636, 637 et 638.

188. Le billet à ordre est daté.

Il énonce

La somme à payer,

Le nom de celui à l'ordre de qui il est souscrit,

L'époque à laquelle le paiement doit s'effectuer,

La valeur qui a été fournie en espèces, en marchandises, en compte, ou de toute autre manière.

SECTION III. — *De la Prescription.*

189. Toutes actions relatives aux lettres de change, et à ceux des billets à ordre souscrits par des négociants, marchands ou banquiers, ou pour faits de commerce, se prescrivent par cinq ans, à compter du jour du protêt, ou de la dernière poursuite juridique, s'il n'y a eu condamnation, ou si la dette n'a été reconnue par acte séparé.

Néanmoins les prétendus débiteurs seront tenus, s'ils en sont requis, d'affirmer, sous serment, qu'ils ne sont plus redevables; et leurs veuves, héritiers ou ayant-cause, qu'ils estiment de bonne foi qu'il n'est plus rien dû. [Co. 155. — C. 1357 s. — Pr. 120.]

LIVRE DEUXIÈME.

DU COMMERCE MARITIME.

(TIT. Ier. — VIII. — IX. — X. — XI. — XIV. Lois décrétées le 15 septembre 1807, promulguées le 25.)

TITRE PREMIER.

Des Navires et autres Bâtiments de mer.

190. Les navires et autres bâtiments de mer sont meubles.

Néanmoins ils sont affectés aux dettes du vendeur, et spécialement à celles que la loi déclare privilégiées. [Co. 191 s. 197, 280. — C. 531, 2100 s. — Pr. 620.]

191. Sont privilégiées, et dans l'ordre où elles sont rangées, les dettes ci-après désignées : [Co. 214, 331.]

1° Les frais de justice et autres, faits pour parvenir à la vente et à la distribution du prix; [Co. 192.]

2° Les droits de pilotage, tonnage, cale, amarrage et bassin ou avant-bassin; [Co. 192.]

3° Les gages du gardien, et frais de garde du bâtiment, depuis son entrée dans le port jusqu'à la vente; [Co. 192.]

4° Le loyer des magasins où se trouvent déposés les agrès et les apparaux; [Co. 192.]

5° Les frais d'entretien du bâtiment et de ses agrès et apparaux, depuis son dernier voyage et son entrée dans le port; [Co. 192.]

6° Les gages et loyers du capitaine et autres gens de l'équipage employés au dernier voyage; [Co. 192, 271.]

7° Les sommes prêtées au capitaine pour les besoins du bâtiment pendant le dernier voyage, et le remboursement du prix des marchandises par lui vendues pour le même objet; [Co. 192.]

8° Les sommes dues au vendeur, aux fournisseurs et ouvriers employés à la construction, si le navire n'a point encore fait de voyage; et les sommes dues aux créanciers pour fournitures, travaux, main-d'œuvre, pour radoub, victuailles, armement et équipement, avant le départ du navire, s'il a déjà navigué; [Co. 192.]

9° Les sommes prêtées à la grosse sur le corps, quille, agrès, apparaux, pour radoub, victuailles, armement et équipement, avant le départ du navire; [Co. 192, 312, 320 s.]

10° Le montant des primes d'assurance faites sur le corps, quille, agrès, apparaux, et sur armement et équipement du navire, dues pour le dernier voyage; [Co. 192.]

11° Les dommages-intérêts dus aux affréteurs, pour le défaut de délivrance des marchandises qu'ils ont chargées, ou pour remboursement des avaries souffertes par lesdites marchandises par la faute du capitaine ou de l'équipage.

Les créanciers compris dans chacun des numéros du présent article viendront en concurrence, et au marc le franc, en cas d'insuffisance du prix.

192. Le privilége accordé aux dettes énoncées dans le précédent article ne peut être exercé qu'autant qu'elles seront justifiées dans les formes suivantes :

1° Les frais de justice seront constatés par les états de frais arrêtés par les tribunaux compétents;

2° Les droits de tonnage et autres, par les quittances légales des receveurs;

3° Les dettes désignées par les numéros 1, 3, 4 et 5 de l'art. 191, seront constatées par des états arrêtés par le président du tribunal de commerce;

4° Les gages et loyers de l'équipage, par les rôles d'armement et désarmement arrêtés dans les bureaux de l'inscription maritime;

5° Les sommes prêtées et la valeur des marchandises vendues

pour les besoins du navire pendant le dernier voyage, par des états arrêtés par le capitaine, appuyés de procès-verbaux signés par le capitaine et les principaux de l'équipage, constatant la nécessité des emprunts;

6° La vente du navire par un acte ayant date certaine, et les fournitures pour l'armement, équipement et victuailles du navire, seront constatées par les mémoires, factures ou états visés par le capitaine et arrêtés par l'armateur, dont un double sera déposé au greffe du tribunal de commerce avant le départ du navire, ou, au plus tard, dans les dix jours après son départ;

7° Les sommes prêtées à la grosse sur le corps, quille, agrès, apparaux, armement et équipement, avant le départ du navire, seront constatées par des contrats passés devant notaires, ou sous signature privée, dont les expéditions ou doubles seront déposés au greffe du tribunal de commerce dans les dix jours de leur date;

8° Les primes d'assurances seront constatées par les polices ou par les extraits des livres des courtiers d'assurances;

9° Les dommages-intérêts dus aux affréteurs seront constatés par les jugements, ou par les décisions arbitrales qui seront intervenues.

193. Les privilèges des créanciers seront éteints,

Indépendamment des moyens généraux d'extinction des obligations, [C. 1234 s.]

Par la vente en justice faite dans les formes établies par le titre suivant; [Co. 197.]

Ou lorsque après une vente volontaire, le navire aura fait un voyage en mer sous le nom et aux risques de l'acquéreur, et sans opposition de la part des créanciers du vendeur. [Co. 196.]

194. Un navire est censé avoir fait un voyage en mer,

Lorsque son départ et son arrivée auront été constatés dans deux ports différents et trente jours après le départ;

Lorsque, sans être arrivé dans un autre port, il s'est écoulé plus de soixante jours entre le départ et le retour dans le même port, ou lorsque le navire, parti pour un voyage de long cours a été plus de soixante jours en voyage, sans réclamation de la part des créanciers du vendeur.

195. La vente volontaire d'un navire doit être faite par écrit, et peut avoir lieu par acte public, ou par acte sous signature privée. [C. 1317 s. 1322 s.]

Elle peut être faite pour le navire entier, ou pour une portion du navire,

Le navire étant dans le port ou en voyage.

196. La vente volontaire d'un navire en voyage ne préjudicie pas aux créanciers du vendeur.

En conséquence, nonobstant la vente, le navire ou son prix continue d'être le gage desdits créanciers, qui peuvent même, s'ils le jugent convenable, attaquer la vente pour cause de fraude. [Co. 193.]

TITRE DEUXIÈME.

De la Saisie et Vente des Navires.

197. Tous bâtiments de mer peuvent être saisis et vendus par autorité de justice; et le privilége des créanciers sera purgé par les formalités suivantes. [Co. 191, 215.]

198. Il ne pourra être procédé à la saisie que vingt-quatre heures après le commandement de payer. [Pr. 545 s. 551 s.]

199. Le commandement devra être fait à la personne du propriétaire ou à son domicile, s'il s'agit d'une action générale à exercer contre lui.

Le commandement pourra être fait au capitaine du navire, si la créance est du nombre de celles qui sont susceptibles de privilége sur le navire, aux termes de l'art. 191.

200. L'huissier énonce dans le procès-verbal,

Les nom, profession et demeure du créancier pour qui il agit;

Le titre en vertu duquel il procède;

La somme dont il poursuit le paiement;

L'élection de domicile faite par le créancier dans le lieu où siége le tribunal devant lequel la vente doit être poursuivie, et dans le lieu où le navire saisi est amarré;

Les noms du propriétaire et du capitaine;

Le nom, l'espèce et le tonnage du bâtiment.

Il fait l'énonciation et la description des chaloupes, canots, agrès, ustensiles, armes, munitions et provisions.

Il établit un gardien.

201. Si le propriétaire du navire saisi demeure dans l'arrondissement du tribunal, le saisissant doit lui faire notifier, dans le délai de trois jours, copie du procès-verbal de saisie, et le faire citer devant le tribunal, pour voir procéder à la vente des choses saisies.

Si le propriétaire n'est point domicilié dans l'arrondissement du tribunal, les significations et citations lui sont données à la personne du capitaine du bâtiment saisi, ou, en son absence, à celui qui représente le propriétaire ou le capitaine; et le délai de trois jours est augmenté d'un jour à raison de deux myriamètres et demi (cinq lieues) de la distance de son domicile. — S'il est étranger et hors de France, les citations et significations sont données ainsi qu'il est prescrit par le Code de procédure civile, art. 69.

202. Si la saisie a pour objet un bâtiment dont le tonnage soit au-dessus de dix tonneaux,

Il sera fait trois criées et publications des objets en vente.

Les criées et publications seront faites consécutivement, de huitaine en huitaine, à la bourse et dans la principale place publique du lieu où le bâtiment est amarré.

L'avis en sera inséré dans un des papiers publics imprimés dans le lieu où siége le tribunal devant lequel la saisie se poursuit; et s'il n'y en a pas, dans l'un de ceux qui seraient imprimés dans le département. [Co. 207.]

203. Dans les deux jours qui suivent chaque criée et publication, il est apposé des affiches,

Au grand mât du bâtiment saisi,

A la porte principale du tribunal devant lequel on procède,

Dans la place publique et sur le quai du port où le bâtiment est amarré, ainsi qu'à la bourse de commerce.

204. Les criées, publications et affiches doivent désigner

Les nom, profession et demeure du poursuivant,

Les titres en vertu desquels il agit,

Le montant de la somme qui lui est due,

L'élection de domicile par lui faite dans le lieu où siége le tribunal, et dans le lieu où le bâtiment est amarré,

Les nom et domicile du propriétaire du navire saisi,

Le nom du bâtiment, et, s'il est armé ou en armement, celui du capitaine,

Le tonnage du navire,

Le lieu où il est gisant ou flottant,

Le nom de l'avoué du poursuivant,

La première mise à prix,

Les jours des audiences auxquelles les enchères seront reçues.

205. Après la première criée, les enchères seront reçues le jour indiqué par l'affiche.

Le juge commis d'office pour la vente continue de recevoir les enchères après chaque criée, de huitaine en huitaine, à jour certain fixé par son ordonnance.

206. Après la troisième criée l'adjudication est faite au plus offrant et dernier enchérisseur, à l'extinction des feux, sans autre formalité.

Le juge commis d'office peut accorder une ou deux remises, de huitaine chacune.

Elles sont publiées et affichées.

207. Si la saisie porte sur des barques, chaloupes et autres bâtiments du port de dix tonneaux et au-dessous, l'adjudication sera faite à l'audience, après la publication sur le quai pendant trois jours consécutifs, avec affiche au mât, ou, à défaut, en autre lieu apparent du bâtiment, et à la porte du tribunal.

Il sera observé un délai de huit jours francs entre la signification de la saisie et la vente. [Co. 202.]

208. L'adjudication du navire fait cesser les fonctions du capitaine; sauf à lui à se pourvoir en dédommagement contre qui de droit. [Co. 221 s.]

209. Les adjudicataires des navires de tout tonnage seront tenus de payer le prix de leur adjudication dans le délai de vingt-quatre heures, ou de le consigner, sans frais, au greffe du tribunal de commerce, à peine d'y être contraints par corps.

A défaut de paiement ou de consignation, le bâtiment sera remis en vente, et adjugé trois jours après une nouvelle publication et affiche unique, à la folle enchère des adjudicataires, qui seront également contraints par corps pour le paiement du déficit, des dommages, des intérêts et des frais. [Pr. 737, 744.]

210. Les demandes en distraction seront formées et notifiées au greffe du tribunal avant l'adjudication.

Si les demandes en distraction ne sont formées qu'après l'adjudication, elles seront converties, de plein droit, en oppositions à la délivrance des sommes provenant de la vente. [Pr. 727 s.]

211. Le demandeur ou l'opposant aura trois jours pour fournir ses moyens.

Le défendeur aura trois jours pour contredire.

La cause sera portée à l'audience sur une simple citation.

212. Pendant trois jours après celui de l'adjudication, les oppositions à la délivrance du prix seront reçues ; passé ce temps, elles ne seront plus admises. [Pr. 557 s.]

213. Les créanciers opposants sont tenus de produire au greffe leurs titres de créance, dans les trois jours qui suivent la sommation qui leur en est faite par le créancier poursuivant ou par le tiers saisi ; faute de quoi il sera procédé à la distribution du prix de la vente, sans qu'ils y soient compris. [Pr. 656 s.]

214. La collocation des créanciers et la distribution de deniers sont faites entre les créanciers privilégiés, dans l'ordre prescrit par l'art. 191 ; et entre les autres créanciers, au marc le franc de leurs créances.

Tout créancier colloqué l'est tant pour son principal que pour les intérêts et frais.

215. Le bâtiment prêt à faire voile n'est pas saisissable, si ce n'est à raison de dettes contractées pour le voyage qu'il va faire, et même, dans ce dernier cas, le cautionnement de ces dettes empêche la saisie.

Le bâtiment est censé prêt à faire voile lorsque le capitaine est muni de ses expéditions pour son voyage.

TITRE TROISIÈME.

Des Propriétaires de Navires.

216. Tout propriétaire de navires est civilement responsable des faits du capitaine, pour ce qui est relatif au navire et à l'expédition.

La responsabilité cesse par l'abandon du navire et du fret. [Co. 221 s. 286 s. 353, 405, 407.]

217. Les propriétaires des navires équipés en guerre ne seront toutefois responsables des délits et déprédations commis en mer par les gens de guerre qui sont sur leurs navires, ou par les équipages, que jusqu'à concurrence de la somme pour laquelle ils auront donné caution, à moins qu'ils n'en soient participants ou complices.

218. Le propriétaire peut congédier le capitaine.

Il n'y a pas lieu à indemnité, s'il n'y a convention par écrit.

219. Si le capitaine congédié est copropriétaire du navire, il peut renoncer à la copropriété, et exiger le remboursement du capital qui la représente.

Le montant de ce capital est déterminé par des experts convenus, ou nommés d'office.

220. En tout ce qui concerne l'intérêt commun des propriétaires d'un navire, l'avis de la majorité est suivi.

La majorité se détermine par une portion d'intérêt dans le navire, excédant la moitié de sa valeur.

La licitation du navire ne peut être accordée que sur la demande des propriétaires formant ensemble la moitié de l'intérêt total dans le navire, s'il n'y a, par écrit, convention contraire.

TITRE QUATRIÈME.

Du Capitaine.

221. Tout capitaine, maître ou patron, chargé de la conduite d'un navire ou autre bâtiment, est garant de ses fautes, même légères, dans l'exercice de ses fonctions. [Co. 216 s. 230, 236 s. 241, 293 s. 405, 407, 435 s.]

222. Il est responsable des marchandises dont il se charge. Il en fournit une reconnaissance.

Cette reconnaissance se nomme *connaissement*. [Co. 236 s.]

223. Il appartient au capitaine de former l'équipage du vaisseau, et de choisir et louer les matelots et autres gens de l'équipage; ce qu'il fera néanmoins de concert avec les propriétaires, lorsqu'il sera dans le lieu de leur demeure. [Co. 217, 250.]

224. Le capitaine tient un registre coté et paraphé par l'un des juges du tribunal de commerce, ou par le maire ou son adjoint dans les lieux où il n'y a pas de tribunal de commerce.

Ce registre contient

Les résolutions prises pendant le voyage,

La recette et la dépense concernant le navire, et généralement tout ce qui concerne le fait de sa charge, et tout ce qui peut donner lieu à un compte à rendre, à une demande à former. [Co. 242, 397.]

225. Le capitaine est tenu, avant de prendre charge, de faire visiter son navire, aux termes et dans les formes prescrits par les réglements.

Le procès-verbal de visite est déposé au greffe du tribunal de commerce; il en est délivré extrait au capitaine.

226. Le capitaine est tenu d'avoir à bord

L'acte de propriété du navire, [Co. 195.]

L'acte de francisation,

Le rôle d'équipage, [Co. 250.]

Les connaissements et chartes-parties, [Co. 222.]

Les procès-verbaux de visite, [Co. 225.]

Les acquits de paiement ou à caution des douanes.

227. Le capitaine est tenu d'être en personne dans son navire, à l'entrée et à la sortie des ports, havres ou rivières. [Co. 238, 241.]

228. En cas de contravention aux obligations imposées par les quatre articles précédents, le capitaine est responsable de tous les événements envers les intéressés au navire et au chargement.

229. Le capitaine répond également de tout le dommage qui peut arriver aux marchandises qu'il aurait chargées sur le tillac de son vaisseau, sans le consentement par écrit du chargeur. [Co. 103 s. 107, 239 s. 421.]

Cette disposition n'est point applicable au petit cabotage.

230. La responsabilité du capitaine ne cesse que par la preuve d'obstacles de force majeure.

231. Le capitaine et les gens de l'équipage qui sont à bord, ou qui sur les chaloupes se rendent à bord pour faire voile, ne peuvent être arrêtés pour dettes civiles, si ce n'est à raison de celles qu'ils auront contractées pour le voyage; et même, dans ce dernier cas, ils ne peuvent être arrêtés, s'ils donnent caution. [C. 2070.]

232. Le capitaine, dans le lieu de la demeure des propriétaires ou de leurs fondés de pouvoir, ne peut, sans leur autorisation spéciale, faire travailler au radoub du bâtiment, acheter des voiles, cordages et autres choses pour le bâtiment, prendre à cet effet de l'argent sur le corps du navire, ni fréter le navire. [Co. 236 s. 321.]

233. Si le bâtiment était frété du consentement des propriétaires, et que quelques-uns d'eux fissent refus de contribuer aux frais nécessaires pour l'expédier, le capitaine pourra, en ce cas, vingt-quatre heures après sommation faite aux refusants de fournir leur contingent, emprunter à la grosse pour leur compte sur leur portion d'intérêt dans le navire, avec autorisation du juge. [Co. 322.]

234. Si, pendant le cours du voyage, il y a nécessité de radoub ou d'achat de victuailles, le capitaine, après l'avoir constaté par un procès-verbal signé des principaux de l'équipage, pourra en se faisant autoriser en France par le tribunal de commerce, ou, à défaut, par le juge de paix; chez l'étranger par le consul français, ou, à défaut, par le magistrat des lieux, emprunter sur le corps et quille du vaisseau, mettre en gage ou vendre des marchandises jusqu'à concurrence de la somme que les besoins constatés exigent.

Les propriétaires, ou le capitaine qui les représente, tiendront compte des marchandises vendues, d'après le cours des marchandises de même nature et qualité dans le lieu de la décharge du navire, à l'époque de son arrivée. [Co. 236, 298, 400.]

235. Le capitaine, avant son départ d'un port étranger ou des colonies françaises pour revenir en France, sera tenu d'envoyer à ses propriétaires ou à leurs fondés de pouvoir, un compte signé de lui, contenant l'état de son chargement, le prix des marchandises de sa cargaison, les sommes par lui empruntées, les noms et demeures des prêteurs.

236. Le capitaine qui aura, sans nécessité, pris de l'argent sur le corps, avitaillement ou équipement du navire, engagé ou vendu des marchandises ou des victuailles, ou qui aura employé dans ses comptes des avaries et des dépenses supposées, sera responsable envers l'armement, et personnellement tenu du remboursement de l'argent ou du paiement des objets, sans préjudice de la poursuite criminelle, s'il y a lieu. [Co. 234, 298.]

237. Hors le cas d'innavigabilité légalement constatée, le capitaine ne peut, à peine de nullité de la vente, vendre le navire sans un pouvoir spécial des propriétaires. [Co. 390 s.]

238. Tout capitaine de navire, engagé pour un voyage, est tenu de l'achever, à peine de tous dépens, dommages-intérêts envers les propriétaires et les affréteurs. [Co. 241, 252 s.]

239. Le capitaine qui navigue à profit commun sur le chargement, ne peut faire aucun trafic ni commerce pour son compte particulier, s'il n'y a convention contraire. [Co. 251.]

240. En cas de contravention aux dispositions mentionnées dans l'article précédent, les marchandises embarquées par le capitaine pour son compte particulier sont confisquées au profit des autres intéressés.

241. Le capitaine ne peut abandonner son navire pendant le voyage, pour quelque danger que ce soit, sans l'avis des officiers et principaux de l'équipage; et, en ce cas, il est tenu de sauver avec lui l'argent et ce qu'il pourra des marchandises les plus précieuses de son chargement, sous peine d'en répondre en son propre nom.

Si les objets ainsi tirés du navire sont perdus par quelque cas fortuit, le capitaine en demeurera déchargé. [Co. 230, 246 s. 296, 391, 410 s.]

242. Le capitaine est tenu, dans les vingt-quatre heures de son arrivée, de faire viser son registre, et de faire son rapport.

Le rapport doit énoncer

Le lieu et le temps de son départ,

La route qu'il a tenue,

Les hasards qu'il a courus,

Les désordres arrivés dans le navire, et toutes les circonstances remarquables de son voyage. [Co. 243 s. 247 s.]

243. Le rapport est fait au greffe devant le président du tribunal de commerce.

Dans les lieux où il n'y a pas de tribunal de commerce, le rapport est fait au juge de paix de l'arrondissement.

Le juge de paix qui a reçu le rapport, est tenu de l'envoyer, sans délai, au président du tribunal de commerce le plus voisin.

Dans l'un et l'autre cas, le dépôt en est fait au greffe du tribunal de commerce.

244. Si le capitaine aborde dans un port étranger, il est tenu de se présenter au consul de France, de lui faire un rapport, et de prendre un certificat constatant l'époque de son arrivée et de son départ, l'état et la nature de son chargement.

245. Si, pendant le cours du voyage, le capitaine est obligé de relâcher dans un port français, il est tenu de déclarer au président du tribunal de commerce du lieu les causes de sa relâche.

Dans les lieux où il n'y a pas de tribunal de commerce, la déclaration est faite au juge de paix du canton.

Si la relâche forcée a lieu dans un port étranger, la déclaration est faite au consul de France, ou, à son défaut, au magistrat du lieu.

246. Le capitaine qui a fait naufrage, et qui s'est sauvé seul ou avec partie de son équipage, est tenu de se présenter devant le juge du lieu, ou, à défaut de juge, devant toute autre autorité civile, d'y faire son rapport, de le faire vérifier par ceux de son équipage qui se seraient sauvés et se trouveraient avec lui, et d'en lever expédition. [Co. 412 s.]

247. Pour vérifier le rapport du capitaine, le juge reçoit l'interrogatoire des gens de l'équipage, et, s'il est possible, des passagers, sans préjudice des autres preuves.

Les rapports non vérifiés ne sont point admis à la décharge du capitaine, et ne font point foi en justice, excepté dans le cas où le capitaine naufragé s'est sauvé seul dans le lieu où il fait son rapport.

La preuve des faits contraires est réservée aux parties.

248. Hors les cas de péril imminent, le capitaine ne peut décharger aucune marchandise avant d'avoir fait son rapport, à peine de poursuites extraordinaires contre lui. [Co. 242 s.]

249. Si les victuailles du bâtiment manquent pendant le voyage, le capitaine, en prenant l'avis des principaux de l'équipage, pourra contraindre ceux qui auront des vivres en particulier de les mettre en commun, à la charge de leur en payer la valeur. [Co. 234.]

TITRE CINQUIÈME.

De l'Engagement et des Loyers des Matelots et Gens de l'équipage.

250. Les conditions d'engagement du capitaine et des hommes d'équipage d'un navire sont constatées par le rôle d'équipage, ou par les conventions des parties. [Co. 218, 238, 370 s. 633.]

251. Le capitaine et les gens de l'équipage ne peuvent, sous aucun prétexte, charger dans le navire aucune marchandise pour leur compte, sans la permission des propriétaires et sans en payer le fret, s'ils n'y sont autorisés par l'engagement. [Co. 239.]

252. Si le voyage est rompu par le fait des propriétaires, capitaine ou affréteurs, avant le départ du navire, les matelots loués au voyage ou au mois sont payés des journées par eux employées à l'équipement du navire. Ils retiennent pour indemnité les avances reçues.

Si les avances ne sont pas encore payées, ils reçoivent pour indemnité un mois de leurs gages convenus.

Si la rupture arrive après le voyage commencé, les matelots loués au voyage sont payés en entier aux termes de leur convention.

Les matelots loués au mois reçoivent leurs loyers stipulés pour le temps qu'ils ont servi, et en outre, pour indemnité, la moitié de leurs gages pour le reste de la durée présumée du voyage pour lequel ils étaient engagés.

Les matelots loués au voyage ou au mois reçoivent, en outre, leur conduite de retour jusqu'au lieu du départ du navire, à moins que le capitaine, les propriétaires ou affréteurs, ou l'officier d'administration, ne leur procurent leur embarquement sur un autre navire revenant audit lieu de leur départ. [Co. 253 s. 270 s. 319.]

253. S'il y a interdiction de commerce avec le lieu de la destination du navire, ou si le navire est arrêté par ordre du gouvernement avant le voyage commencé,

Il n'est dû aux matelots que les journées employées à équiper le bâtiment. [Co. 276, 299.]

254. Si l'interdiction du commerce ou l'arrêt du navire arrive pendant le cours du voyage,

Dans le cas d'interdiction, les matelots sont payés à proportion du temps qu'ils auront servi;

Dans le cas de l'arrêt, le loyer des matelots engagés au mois court pour moitié pendant le temps de l'arrêt;

Le loyer des matelots engagés au voyage est payé aux termes de leur engagement. [Co. 319.]

255. Si le voyage est prolongé, le prix des loyers des matelots engagés au voyage est augmenté à proportion de la prolongation. [Co. 257 s. 272.]

256. Si la décharge du navire se fait volontairement dans un lieu plus rapproché que celui qui est désigné par l'affrétement, il ne leur est fait aucune diminution.

257. Si les matelots sont engagés au profit ou au fret, il ne leur est dû aucun dédommagement ni journées pour la rupture, le retardement ou la prolongation de voyage occasionés par force majeure.

Si la rupture, le retardement ou la prolongation arrivent par le fait des chargeurs, les gens de l'équipage ont part aux indemnités qui sont adjugées au navire.

Ces indemnités sont partagées entre les propriétaires du navire et les gens de l'équipage, dans la même proportion que l'aurait été le fret.

Si l'empêchement arrive par le fait du capitaine ou des propriétaires, ils sont tenus des indemnités dues aux gens de l'équipage.

258. En cas de prise, de bris et naufrage, avec perte entière du navire et des marchandises, les matelots ne peuvent prétendre aucun loyer. — Ils ne sont point tenus de restituer ce qui leur a été avancé sur leurs loyers. [Co. 300.]

259. Si quelque partie du navire est sauvée, les matelots engagés au voyage ou au mois sont payés de leurs loyers échus sur les débris du navire qu'ils ont sauvés.

Si les débris ne suffisent pas, ou s'il n'y a que des marchandises sauvées, ils sont payés de leurs loyers subsidiairement sur le fret. [Co. 327, 428.]

260. Les matelots engagés au fret sont payés de leurs loyers seulement sur le fret, à proportion de celui que reçoit le capitaine.

261. De quelque manière que les matelots soient loués, ils sont payés des journées par eux employées à sauver les débris et les effets naufragés.

262. Le matelot est payé de ses loyers, traité et pansé aux dépens du navire, s'il tombe malade pendant le voyage, ou s'il est blessé au service du navire. [Co. 264 s. 272.]

263. Le matelot est traité et pansé aux dépens du navire et du chargement, s'il est blessé en combattant contre les ennemis et les pirates. [Co. 400.]

264. Si le matelot, sorti du navire sans autorisation, est blessé à terre, les frais de ses pansement et traitement sont à sa charge : il pourra même être congédié par le capitaine.

Ses loyers, en ce cas, ne lui seront payés qu'à proportion du temps qu'il aura servi.

265. En cas de mort d'un matelot pendant le voyage, si le matelot est engagé au mois, ses loyers sont dus à sa succession jusqu'au jour de son décès.

Si le matelot est engagé au voyage, la moitié de ses loyers est due s'il meurt en allant ou au port d'arrivée.

Le total de ses loyers est dû s'il meurt en revenant.

Si le matelot est engagé au profit ou au fret, sa part entière est due s'il meurt le voyage commencé.

Les loyers du matelot tué en défendant le navire sont dus en entier pour tout le voyage, si le navire arrive à bon port.

266. Le matelot pris dans le navire et fait esclave ne peut rien prétendre contre le capitaine ; les propiétaires ni les affréteurs, pour le paiement de son rachat.

Il est payé de ses loyers jusqu'au jour où il est pris et fait esclave.

267. Le matelot pris et fait esclave, s'il a été envoyé en mer ou à terre pour le service du navire, a droit à l'entier paiement de ses loyers.

Il a droit au paiement d'une indemnité pour son rachat, si le navire arrive à bon port. [Co. 269, 272.]

268. L'indemnité est due par les propriétaires du navire, si le matelot a été envoyé en mer ou à terre pour le service du navire.

L'indemnité est due par les propriétaires du navire et du chargement, si le matelot a été envoyé en mer ou à terre pour le service du navire et du chargement.

269. Le montant de l'indemnité est fixé à six cents francs.

Le recouvrement et l'emploi en seront faits suivant les formes déterminées par le gouvernement, dans un réglement relatif au rachat des captifs.

270. Tout matelot qui justifie qu'il est congédié sans cause valable, a droit à une indemnité contre le capitaine.

L'indemnité est fixée au tiers des loyers, si le congé a lieu avant le voyage commencé.

L'indemnité est fixée à la totalité des loyers et aux frais du retour, si le congé a lieu pendant le cours du voyage.

Le capitaine ne peut, dans aucun des cas ci-dessus, répéter le montant de l'indemnité contre les propriétaires du navire.

Il n'y a pas lieu à indemnité, si le matelot est congédié avant la clôture du rôle d'équipage.

Dans aucun cas, le capitaine ne peut congédier un matelot dans les pays étrangers.

271. Le navire et le fret sont spécialement affectés aux loyers des matelots. [Co. 191, 285 s. 307, 428.]

272. Toutes les dispositions concernant les loyers, pansement et rachat des matelots, sont communes aux officiers et à tous autres gens de l'équipage. [Co. 252 s. 633.]

TITRE SIXIÈME.

Des Chartes-parties, Affrétements ou Nolissements.

273. Toute convention pour louage d'un vaisseau, appelée *charte-partie, affrétement* ou *nolissement,* doit être rédigée par écrit.

Elle énonce

Le nom et le tonnage du navire, [Co. 289 s.]

Le nom du capitaine,

Les noms du fréteur et de l'affréteur,

Le lieu et le temps convenus pour la charge et pour la décharge,

Le prix du fret ou nolis, [Co. 286 s.]

Si l'affrétement est total ou partiel,

L'indemnité convenue pour les cas de retard. [Co. 435.]

274. Si le temps de la charge et de la décharge du navire n'est point fixé par les conventions des parties, il est réglé suivant l'usage des lieux.

275. Si le navire est frété au mois, et s'il n'y a convention contraire, le fret court du jour où le navire a fait voile. [Co. 300.]

276. Si, avant le départ du navire, il y a interdiction de commerce avec le pays pour lequel il est destiné, les conventions sont résolues sans dommages-intérêts de part ni d'autre. — Le chargeur est tenu des frais de la charge et de la décharge de ses marchandises. [Co. 253 s. 299.]

277. S'il existe une force majeure qui n'empêche que pour un temps la sortie du navire, les conventions subsistent, et il n'y a pas lieu à dommages-intérêts à raison du retard.

Elles subsistent également, et il n'y a lieu à aucune augmentation de fret, si la force majeure arrive pendant le voyage.

278. Le chargeur peut, pendant l'arrêt du navire, faire décharger ses marchandises à ses frais, à condition de les recharger ou d'indemniser le capitaine.

279. Dans le cas de blocus du port pour lequel le navire est destiné, le capitaine est tenu, s'il n'a des ordres contraires, de se rendre dans un des ports voisins de la même puissance où il lui sera permis d'aborder.

280. Le navire, les agrès et apparaux, le fret et les marchandises chargées, sont respectivement affectés à l'exécution des conventions des parties.

TITRE SEPTIÈME.

Du Connaissement.

281. Le connaissement doit exprimer la nature et la quantité ainsi que les espèces ou qualités des objets à transporter.

Il indique

Le nom du chargeur,

Le nom et l'adresse de celui à qui l'expédition est faite,

Le nom et le domicile du capitaine,

Le nom et le tonnage du navire,

Le lieu du départ et celui de la destination.

Il énonce le prix du fret. [Co. 286 s.]

Il présente en marge les marques et numéros des objets à transporter. [Co. 222, 228, 283.]

Le connaissement peut être à ordre, ou au porteur, ou à personne dénommée. [C. 136 s.]

282. Chaque connaissement est fait en quatre originaux au moins;

Un pour le chargeur,

Un pour celui à qui les marchandises sont adressées,

Un pour le capitaine,

Un pour l'armateur du bâtiment.

Les quatre originaux sont signés par le chargeur et par le capitaine, dans les vingt-quatre heures après le chargement.

Le chargeur est tenu de fournir au capitaine, dans le même délai, les acquits des marchandises chargées.

283. Le connaissement, rédigé dans la forme ci-dessus prescrite, fait foi entre toutes les parties intéressées au chargement, et entre elles et les assureurs. [Co. 344, 420.]

284. En cas de diversité entre les connaissements d'un même chargement, celui qui sera entre les mains du capitaine fera foi, s'il est rempli de la main du chargeur, ou de celle de son commissionnaire; et celui qui est présenté par le chargeur ou le consignataire sera suivi, s'il est rempli de la main du capitaine.

285. Tout commissionnaire ou consignataire qui aura reçu les marchandises mentionnées dans les connaissements ou chartes-parties, sera tenu d'en donner reçu au capitaine qui le demandera, à peine de tous dépens, dommages-intérêts, même de ceux de retardement.

TITRE HUITIÈME.

Du Fret ou Nolis.

286. Le prix du loyer d'un navire ou autre bâtiment de mer est appelé *fret* ou *nolis*.

Il est réglé par les conventions des parties.

Il est constaté par la charte-partie ou par le connaissement. [Co. 273 s. 281 s.]

Il a lieu pour la totalité ou pour partie du bâtiment, pour un voyage entier ou pour un temps limité, au tonneau, au quintal, à forfait ou à cueillette, avec désignation du tonnage du vaisseau. [Co. 307 s. 386, 433.]

287. Si le navire est loué en totalité, et que l'affréteur ne lui donne pas toute sa charge, le capitaine ne peut prendre d'autres marchandises sans le consentement de l'affréteur. [Co. 229, 239 s. 251.]

L'affréteur profite du fret des marchandises qui complètent le chargement du navire qu'il a entièrement affrété.

288. L'affréteur qui n'a pas chargé la quantité de marchandises portée par la charte-partie, est tenu de payer le fret en entier, et pour le chargement complet auquel il s'est engagé. [Co. 273.]

S'il en charge davantage, il paie le fret de l'excédant sur le prix réglé par la charte-partie.

Si cependant l'affréteur, sans avoir rien chargé, rompt le voyage avant le départ, il paiera en indemnité, au capitaine, la moitié du fret convenu par la charte-partie pour la totalité du chargement qu'il devait faire. [Co. 252, 291, 349.]

Si le navire a reçu une partie de son chargement, et qu'il parte à non-charge, le fret entier sera dû au capitaine. [Co. 294.]

289. Le capitaine qui a déclaré le navire d'un plus grand port qu'il n'est, est tenu des dommages-intérêts envers l'affréteur. [Co. 273.]

290. N'est réputé y avoir erreur en la déclaration du tonnage d'un navire, si l'erreur n'excède un quarantième, ou si la déclaration est conforme au certificat de jauge.

291. Si le navire est chargé à cueillette, soit au quintal, au tonneau ou à forfait, le chargeur peut retirer ses marchandises, avant le départ du navire, en payant le demi-fret.

Il supportera les frais de charge, ainsi que ceux de décharge et de rechargement des autres marchandises qu'il faudrait déplacer, et ceux du retardement. [Co. 288, 293.]

292. Le capitaine peut faire mettre à terre, dans le lieu du chargement, les marchandises trouvées dans son navire, si elles ne lui ont point été déclarées, ou en prendre le fret au plus haut prix qui sera payé dans le même lieu pour les marchandises de même nature.

293. Le chargeur qui retire ses marchandises pendant le voyage, est tenu de payer le fret en entier et tous les frais de déplacement occasionés par le déchargement : si les marchandises sont retirées pour cause des faits ou des fautes du capitaine, celui-ci est responsable de tous les frais. [Co. 216, 221, 291.]

294. Si le navire est arrêté au départ, pendant la route, ou au lieu de sa décharge, par le fait de l'affréteur, les frais du retardement sont dus par l'affréteur.

Si, ayant été frété pour l'aller et le retour, le navire fait son retour sans chargement ou avec un chargement incomplet, le fret entier est dû au capitaine, ainsi que l'intérêt du retardement. [Co. 288.]

295. Le capitaine est tenu des dommages-intérêts envers l'affréteur, si, par son fait, le navire a été arrêté ou retardé au départ, pendant sa route, ou au lieu de sa décharge.

Ces dommages-intérêts sont réglés par des experts.

296. Si le capitaine est contraint de faire radouber le navire pendant le voyage, l'affréteur est tenu d'attendre, ou de payer le fret en entier.

Dans le cas où le navire ne pourrait être radoubé, le capitaine est tenu d'en louer un autre.

Si le capitaine n'a pu louer un autre navire, le fret n'est dû qu'à proportion de ce que le voyage est avancé. [Co. 238, 241, 391.]

297. Le capitaine perd son fret, et répond des dommages-intérêts de l'affréteur, si celui-ci prouve que, lorsque le navire a fait voile, il était hors d'état de naviguer.

La preuve est admissible nonobstant et contre les certificats de visite au départ. [Co. 225.]

298. Le fret est dû pour les marchandises que le capitaine a été contraint de vendre pour subvenir aux victuailles, radoub et autres nécessités pressantes du navire, en tenant par lui compte de leur valeur au prix que le reste ou autre pareille marchandise de même qualité sera vendu au lieu de la décharge, si le navire arrive à bon port.

Si le navire se perd, le capitaine tiendra compte des marchandises sur le pied qu'il les aura vendues, en retenant également le fret porté aux connaissements. [Co. 234, 236, 246, 258.]

299. S'il arrive interdiction de commerce avec le pays pour lequel le navire est en route, et qu'il soit obligé de revenir avec son chargement, il n'est dû au capitaine que le fret de l'aller, quoique le vaisseau ait été affrété pour l'aller et le retour. [Co. 253, 276.]

300. Si le vaisseau est arrêté dans le cours de son voyage par l'ordre d'une puissance,

Il n'est dû aucun fret pour le temps de sa détention, si le navire est affrété au mois; ni augmentation de fret, s'il est loué au voyage. [Co. 275.]

La nourriture et les loyers de l'équipage pendant la détention du navire sont réputés avaries. [Co. 258 s. 397 s.]

301. Le capitaine est payé du fret des marchandises jetées à la mer pour le salut commun, à la charge de contribution.

302. Il n'est dû aucun fret pour les marchandises perdues par naufrage ou échouement, pillées par des pirates ou prises par les ennemis.

Le capitaine est tenu de restituer le fret qui lui aura été avancé, s'il n'y a convention contraire. [Co. 246 s. 258 s.]

303. Si le navire et les marchandises sont rachetés, ou si les marchandises sont sauvées du naufrage, le capitaine est payé du fret jusqu'au lieu de la prise ou du naufrage.

Il est payé du fret entier en contribuant au rachat, s'il conduit les marchandises au lieu de leur destination.

304. La contribution pour le rachat se fait sur le prix courant des marchandises au lieu de leur décharge, déduction faite des frais, et sur la moitié du navire et du fret.

Les loyers des matelots n'entrent point en contribution.

305. Si le consignataire refuse de recevoir les marchandises, le capitaine peut, par autorité de justice, en faire vendre pour le paiement de son fret, et faire ordonner le dépôt du surplus.

S'il y a insuffisance, il conserve son recours contre le chargeur.

306. Le capitaine ne peut retenir les marchandises dans son navire, faute de paiement de son fret.

Il peut, dans le temps de la décharge, demander le dépôt en mains tierces jusqu'au paiement de son fret.

307. Le capitaine est préféré, pour son fret, sur les marchandises de son chargement, pendant quinzaine après leur délivrance, si elles n'ont passé en mains tierces. [Co. 191, 271.]

308. En cas de faillite des chargeurs ou réclamateurs avant l'expiration de la quinzaine, le capitaine est privilégié sur tous les créanciers pour le paiement de son fret et des avaries qui lui sont dues. [Co. 93 s. 397 s. 535 s.]

309. En aucun cas le chargeur ne peut demander de diminution sur le prix du fret.

310. Le chargeur ne peut abandonner pour le fret les marchandises diminuées de prix ou détériorées par leur vice propre ou par cas fortuit.

Si toutefois des futailles contenant vin, huile, miel et autres liquides, ont tellement coulé qu'elles soient vides ou presque vides, lesdites futailles pourront être abandonnées pour le fret.

TITRE NEUVIÈME.

Des Contrats à la grosse.

311. Le contrat à la grosse est fait devant notaire, ou sous signature privée.

Il énonce

Le capital prêté et la somme convenue pour le profit maritime, [Co. 318 s.]

Les objets sur lesquels le prêt est affecté, [Co. 318 s. 326 s. 329.]

Les noms du navire et du capitaine, [Co. 324.]

Ceux du prêteur et de l'emprunteur;

Si le prêt a lieu pour un voyage, [Co. 323.]

Pour quel voyage, et pour quel temps; [Co. 323.]

L'époque du remboursement. [Co. 315 s. 320 s. 432, 633.]

312. Tout prêteur à la grosse, en France, est tenu de faire enregistrer son contrat au greffe du tribunal de commerce, dans les dix jours de la date, à peine de perdre son privilége;

Et si le contrat est fait à l'étranger, il est soumis aux formalités prescrites à l'art. 234.

313. Tout acte de prêt à la grosse peut être négocié par la voie de l'endossement, s'il est à ordre.

En ce cas, la négociation de cet acte a les mêmes effets et produit les mêmes actions en garantie que celle des autres effets de commerce. [Co. 136 s. 140 s.]

314. La garantie de paiement ne s'étend pas au profit maritime, à moins que le contraire n'ait été expressément stipulé. [Co. 318.]

315. Les emprunts à la grosse peuvent être affectés,

Sur le corps et quille du navire,

Sur les agrès et apparaux,

Sur l'armement et les victuailles,

Sur le chargement,

Sur la totalité de ces objets conjointement, ou sur une partie déterminée de chacun d'eux. [Co. 191, n° 9.]

316. Tout emprunt à la grosse, fait pour une somme excédant la valeur des objets sur lesquels il est affecté, peut être déclaré nul, à la demande du prêteur, s'il est prouvé qu'il y a fraude de la part de l'emprunteur.

317. S'il n'y a fraude, le contrat est valable jusqu'à la concurrence de la valeur des effets affectés à l'emprunt, d'après l'estimation qui en est faite ou convenue;

Le surplus de la somme empruntée est remboursé avec intérêt au cours de la place.

318. Tous emprunts sur le fret à faire du navire et sur le profit espéré des marchandises, sont prohibés.

Le prêteur, dans ce cas, n'a droit qu'au remboursement du capital, sans aucun intérêt. [Co. 314.]

319. Nul prêt à la grosse ne peut être fait aux matelots ou gens de mer sur leurs loyers ou voyages. [Co. 250 s.]

320. Le navire, les agrès et les apparaux, l'armement et les victuailles, même le fret acquis, sont affectés par privilége aux capital et intérêts de l'argent donné à la grosse sur le corps et quille du vaisseau. [Co. 191, n° 9.]

Le chargement est également affecté aux capital et intérêts de l'argent donné à la grosse sur le chargement.

Si l'emprunt a été fait sur un objet particulier du navire ou du chargement, le privilége n'a lieu que sur l'objet, et dans la proportion de la quotité affectée à l'emprunt.

321. Un emprunt à la grosse fait par le capitaine dans le lieu de la demeure des propriétaires du navire, sans leur autorisation authentique ou leur intervention dans l'acte, ne donne action et privilége que sur la portion que le capitaine peut avoir au navire et au fret. [Co. 232, 236.]

322. Sont affectées aux sommes empruntées, même dans le lieu de la demeure des intéressés, pour radoub et victuailles, les parts et portions des propriétaires qui n'auraient pas fourni leur contingent pour mettre le bâtiment en état, dans les vingt-quatre heures de la sommation qui leur en sera faite. [Co. 233.]

323. Les emprunts faits pour le dernier voyage du navire sont remboursés par préférence aux sommes prêtées pour un précédent voyage, quand même il serait déclaré qu'elles sont laissées par continuation ou renouvellement.

Les sommes empruntées pendant le voyage sont préférées à celles qui auraient été empruntées avant le départ du navire; et s'il y a plusieurs emprunts faits pendant le même voyage, le dernier emprunt sera toujours préféré à celui qui l'aura précédé.

324. Le prêteur à la grosse sur marchandises chargées dans un navire désigné au contrat, ne supporte pas la perte des marchandises, même par fortune de mer, si elles ont été chargées sur un autre navire, à moins qu'il ne soit légalement constaté que ce chargement a eu lieu par force majeure.

325. Si les effets sur lesquels le prêt à la grosse a eu lieu sont entièrement perdus, et que la perte soit arrivée par cas fortuit, dans le temps et dans le lieu des risques, la somme prêtée ne peut être réclamée.

326. Les déchets, diminutions et pertes qui arrivent par le vice propre de la chose, et les dommages causés par le fait de l'emprunteur, ne sont point à la charge du prêteur.

327. En cas de naufrage, le paiement des sommes empruntées à la grosse est réduit à la valeur des effets sauvés et affectés au contrat, déduction faite des frais de sauvetage. [Co. 259, 331, 417.]

328. Si le temps des risques n'est point déterminé par le contrat, il court, à l'égard du navire, des agrès, apparaux, armement et victuailles, du jour que le navire a fait voile, jusqu'au jour où il est ancré ou amarré au port ou lieu de sa destination.

A l'égard des marchandises, le temps des risques court du jour qu'elles ont été chargées dans le navire, ou dans les gabarres pour les y porter, jusqu'au jour où elles sont délivrées à terre. [Co. 341.]

329. Celui qui emprunte à la grosse sur des marchandises n'est point libéré par la perte du navire et du chargement, s'il ne justifie qu'il y avait, pour son compte, des effets jusqu'à la concurrence de la somme empruntée. [Co. 316.]

330. Les prêteurs à la grosse contribuent, à la décharge des emprunteurs, aux avaries communes.

Les avaries simples sont aussi à la charge des prêteurs, s'il n'y a convention contraire. [Co. 397 s.]

331. S'il y a contrat à la grosse et assurance sur le même navire ou sur le même chargement, le produit des effets sauvés du naufrage est partagé entre le prêteur à la grosse, *pour son capital seulement*, et l'assureur, pour les sommes assurées, au marc le franc de leur intérêt respectif, sans préjudice des priviléges établis à l'art. 191. [Co. 327, 417.]

TITRE DIXIÈME.

Des Assurances.

SECTION I. — *Du Contrat d'assurance, de sa forme et de son objet.*

332. Le contrat d'assurance est rédigé par écrit.

Il est daté du jour auquel il est souscrit.

Il y est énoncé si c'est avant ou après midi.

Il peut être fait sous signature privée.

Il ne peut contenir aucun blanc.

Il exprime

Le nom et le domicile de celui qui fait assurer, sa qualité de propriétaire ou de commissionnaire,

Le nom et la désignation du navire, [Co. 337, 361.]

Le nom du capitaine, [Co. 337.]

Le lieu où les marchandises ont été ou doivent être chargées,

Le port d'où ce navire a dû ou doit partir,

Les ports ou rades dans lesquels il doit charger ou décharger,

Ceux dans lesquels il doit entrer,

La nature et la valeur ou l'estimation des marchandises ou objets que l'on fait assurer, [Co. 334 s. 338 s. 347 s. 355 s.]

Les temps auxquels les risques doivent commencer et finir, [Co. 341.]

La somme assurée, [Co. 338 s.]

La prime ou le coût de l'assurance, [Co. 342.]

La soumission des parties et des arbitres, en cas de contestation, si elle a été convenue,

Et généralement toutes les autres conditions dont les parties sont convenues. [Co. 432, 633.]

333. La même police peut contenir plusieurs assurances, soit à raison des marchandises, soit à raison du taux de la prime, soit à raison des différents assureurs. [Co. 361.]

334. L'assurance peut avoir pour objet,

Le corps et quille du vaisseau, vide ou chargé, armé ou non armé, seul ou accompagné,

Les agrès et apparaux,

Les armements,

Les victuailles,

Les sommes prêtées à la grosse,

Les marchandises du chargement, et toutes autres choses ou valeurs estimables à prix d'argent, sujettes aux risques de la navigation. [Co. 342, 347, 355.]

335. L'assurance peut être faite sur le tout ou sur une partie desdits objets, conjointement ou séparément.

Elle peut être faite en temps de paix ou en temps de guerre, avant ou pendant le voyage du vaisseau.

Elle peut être faite pour l'aller et le retour, ou seulement pour l'un des deux, pour le voyage entier ou pour un temps limité; [Co. 356 s.]

Pour tous voyages ou transports par mer, rivières et canaux navigables.

336. En cas de fraude dans l'estimation des effets assurés, en cas de supposition et de falsification, l'assureur peut faire procéder à la vérification et estimation des objets, sans préjudice de toutes autres poursuites, soit civiles, soit criminelles. [Co. 348, 357 s.]

337. Les chargements faits aux Échelles du Levant, aux côtes d'Afrique et autres parties du monde, pour l'Europe, peuvent être assurés, sur quelque navire qu'ils aient lieu, sans désignation du navire ni du capitaine.

Les marchandises elles-mêmes peuvent, en ce cas, être assurées sans désignation de leur nature et espèce.

Mais la police doit indiquer celui à qui l'expédition est faite ou doit être consignée, s'il n'y a convention contraire dans la police d'assurance. [Co. 332.]

338. Tout effet dont le prix est stipulé dans le contrat en monnaie étrangère, est évalué au prix que la monnaie stipulée vaut en monnaie de France, suivant le cours à l'époque de la signature de la police.

339. Si la valeur des marchandises n'est point fixée par le contrat, elle peut être justifiée par les factures ou par les livres : à défaut, l'estimation en est faite suivant le prix courant au temps et au lieu du chargement, y compris tous les droits payés et les frais faits jusqu'à bord. [Co. 8 s.]

340. Si l'assurance est faite sur le retour d'un pays où le commerce ne se fait que par troc, et que l'estimation des marchandises ne soit pas faite par la police, elle sera réglée sur le pied de la valeur de celles qui ont été données en échange, en y joignant les frais de transport.

341. Si le contrat d'assurance ne règle point le temps des risques, les risques commencent et finissent dans le temps réglé par l'art. 328 pour les contrats à la grosse.

342. L'assureur peut faire réassurer par d'autres les effets qu'il a assurés.

L'assuré peut faire assurer le coût de l'assurance.

La prime de réassurance peut être moindre ou plus forte que celle de l'assurance. [Co. 334, 347.]

343. L'augmentation de prime qui aura été stipulée en temps de paix pour le temps de guerre qui pourrait survenir, et dont la quotité n'aura pas été déterminée par les contrats d'assurance, est réglée par les tribunaux, en ayant égard aux risques, aux circonstances et aux stipulations de chaque police d'assurance.

344. En cas de perte des marchandises assurées et chargées pour le compte du capitaine sur le vaisseau qu'il commande, le capitaine est tenu de justifier aux assureurs l'achat des marchandises, et d'en fournir un connaissement signé par deux des principaux de l'équipage. [Co. 253, 281 s.]

345. Tout homme de l'équipage et tout passager qui apportent des pays étrangers des marchandises assurées en France, sont tenus d'en laisser un connaissement dans les lieux où le chargement s'effectue, entre les mains du consul de France, et, à défaut, entre les mains d'un Français notable négociant, ou du magistrat du lieu.

346. Si l'assureur tombe en faillite lorsque le risque n'est pas encore fini, l'assuré peut demander caution, ou la résiliation du contrat.

L'assureur a le même droit en cas de faillite de l'assuré.

347. Le contrat d'assurance est nul, s'il a pour objet

Le fret des marchandises existant à bord du navire,

Le profit espéré des marchandises, [Co. 318.]

Les loyers des gens de mer, [Co. 319.]

Les sommes empruntées à la grosse,

Les profits maritimes des sommes prêtées à la grosse. [Co. 318, 334, 342.]

348. Toute réticence, toute fausse déclaration de la part de l'assuré, toute différence entre le contrat d'assurance et le connaissement, qui diminueraient l'opinion du risque ou en changeraient le sujet, annullent l'assurance.

L'assurance est nulle, même dans le cas où la réticence, la fausse déclaration ou la différence, n'auraient pas influé sur le dommage ou la perte de l'objet assuré. [Co. 265 s.]

SECTION II. — *Des Obligations de l'Assureur et de l'Assuré.*

349. Si le voyage est rompu avant le départ du vaisseau, même par le fait de l'assuré, l'assurance est annulée; l'assureur reçoit, à titre d'indemnité, demi pour cent de la somme assurée. [Co. 252, 633.]

350. Sont aux risques des assureurs, toutes pertes et dommages qui arrivent aux objets assurés, par tempête, naufrage, échouement, abordage fortuit, changements forcés de route, de voyage ou de vaisseau, par jet, feu, prise, pillage, arrêt par ordre de puissance, déclaration de guerre, représailles, et généralement par toutes les autres fortunes de mer. [Co. 352 s. 355 s. 435.]

351. Tout changement de route, de voyage ou de vaisseau, et toutes pertes et dommages provenant du fait de l'assuré, ne sont point à la charge de l'assureur; et même la prime lui est acquise, s'il a commencé à courir les risques. [Co. 351, 364, 392.]

352. Les déchets, diminutions et pertes qui arrivent par le vice propre de la chose, et les dommages causés par le fait et faute des propriétaires, affréteurs ou chargeurs, ne sont point à la charge des assureurs. [Co. 350.]

353. L'assureur n'est point tenu des prévarications et fautes

du capitaine et de l'équipage, connues sous le nom de *baratterie de patron*, s'il n'y a convention contraire. [Co. 216, 221 s.]

354. L'assureur n'est point tenu du pilotage, touage et lamanage, ni d'aucune espèce de droits imposés sur le navire et les marchandises.

355. Il sera fait désignation dans la police, des marchandises sujettes, par leur nature, à détérioration particulière ou diminution, comme blés ou sels, ou marchandises susceptibles de coulage; sinon les assureurs ne répondront point des dommages ou pertes qui pourraient arriver à ces mêmes denrées, si ce n'est toutefois que l'assuré eût ignoré la nature du chargement lors de la signature de la police.

356. Si l'assurance a pour objet des marchandises pour l'aller et le retour, et si, le vaisseau étant parvenu à sa première destination, il ne se fait point de chargement en retour, ou si le chargement en retour n'est pas complet, l'assureur reçoit seulement les deux tiers proportionnels de la prime convenue, s'il n'y a stipulation contraire.

357. Un contrat d'assurance ou de réassurance consenti pour une somme excédant la valeur des effets chargés est nul à l'égard de l'assuré seulement, s'il est prouvé qu'il y a dol ou fraude de sa part. [Co. 336.]

358. S'il n'y a ni dol ni fraude, le contrat est valable jusqu'à concurrence de la valeur des effets chargés, d'après l'estimation qui en est faite ou convenue.

En cas de pertes, les assureurs sont tenus d'y contribuer chacun à proportion des sommes par eux assurées.

Ils ne reçoivent pas la prime de cet excédant de valeur, mais seulement l'indemnité de demi pour cent. [Co. 360.]

359. S'il existe plusieurs contrats d'assurance faits sans fraude sur le même chargement, et que le premier contrat assure l'entière valeur des effets chargés, il subsistera seul.

Les assureurs qui ont signé les contrats subséquents sont libérés; ils ne reçoivent que demi pour cent de la somme assurée.

Si l'entière valeur des effets chargés n'est pas assurée par le premier contrat, les assureurs qui ont signé les contrats subséquents répondent de l'excédant en suivant l'ordre de la date des contrats. [Co. 335, 357 s.]

360. S'il y a des effets chargés pour le montant des sommes assurées, en cas de perte d'une partie, elle sera payée par tous

les assureurs de ces effets, au marc le franc de leur intérêt. [Co. 358, 401.]

361. Si l'assurance a lieu divisément pour des marchandises qui doivent être chargées sur plusieurs vaisseaux désignés, avec énonciation de la somme assurée sur chacun, et si le chargement entier est mis sur un seul vaisseau, ou sur un moindre nombre qu'il n'en est désigné dans le contrat, l'assureur n'est tenu que de la somme qu'il a assurée sur le vaisseau ou sur les vaisseaux qui ont reçu le chargement, nonobstant la perte de tous les vaisseaux désignés, et il recevra néanmoins demi pour cent des sommes dont les assurances se trouvent annulées. [Co. 347, 392.]

362. Si le capitaine a la liberté d'entrer dans différents ports pour compléter ou échanger son chargement, l'assureur ne court les risques des effets assurés que lorsqu'ils sont à bord, s'il n'y a convention contraire.

363. Si l'assurance est faite pour un temps limité, l'assureur est libre après l'expiration du temps, et l'assuré peut faire assurer les nouveaux risques.

364. L'assureur est déchargé des risques, et la prime lui est acquise, si l'assuré envoie le vaisseau en un lieu plus éloigné que celui qui est désigné par le contrat, quoique sur la même route. [Co. 351 s.]

L'assurance a son entier effet, si le voyage est raccourci.

365. Toute assurance faite après la perte ou l'arrivée des objets assurés, est nulle, s'il y a présomption qu'avant la signature du contrat, l'assuré a pu être informé de la perte, ou l'assureur de l'arrivée des objets assurés. [Co. 348, 368.]

366. La présomption existe, si en comptant trois quarts de myriamètre (une lieue et demie) par heure, sans préjudice des autres preuves, il est établi que de l'endroit de l'arrivée ou de la perte du vaisseau, ou du lieu où la première nouvelle en est arrivée, elle a pu être portée dans le lieu où le contrat d'assurance a été passé, avant la signature du contrat.

367. Si cependant l'assurance est faite sur bonnes ou mauvaises nouvelles, la présomption mentionnée dans les articles précédents n'est point admise.

Le contrat n'est annulé que sur la preuve que l'assuré savait la perte, ou l'assureur l'arrivée du navire, avant la signature du contrat.

368. En cas de preuve contre l'assuré, celui-ci paie à l'assureur une double prime.

En cas de preuve contre l'assureur, celui-ci paie à l'assuré une somme double de la prime convenue.

Celui d'entre eux contre qui la preuve est faite, est poursuivi correctionnellement.

SECTION III. — *Du Délaissement.*

369. Le délaissement des objets assurés peut être fait,

En cas de prise, [Co. 395.]

De naufrage, [Co. 381.]

D'échouement avec bris, [Co. 381.]

D'innavigabilité par fortune de mer, [Co. 389.]

En cas d'arrêt d'une puissance étrangère, [Co. 387.]

En cas de perte ou détérioration des effets assurés, si la détérioration ou la perte va au moins à trois quarts.

Il peut être fait, en cas d'arrêt de la part du gouvernement, après le voyage commencé. [Co. 372 s.]

370. Il ne peut être fait avant le voyage commencé. [Co. 389.]

371. Tous autres dommages sont réputés avaries, et se règlent, entre les assureurs et les assurés, à raison de leurs intérêts. [Co. 397, 401, 409.]

372. Le délaissement des objets assurés ne peut être partiel ni conditionnel.

Il ne s'étend qu'aux effets qui sont l'objet de l'assurance et du risque.

373. Le délaissement doit être fait aux assureurs dans le terme de six mois, à partir du jour de la réception de la nouvelle de la perte arrivée aux ports ou côtes de l'Europe, ou sur celles d'Asie et d'Afrique, dans la Méditerranée, ou bien, en cas de prise, de la réception de celle de la conduite du navire dans l'un des ports ou lieux situés aux côtes ci-dessus mentionnées ;

Dans le délai d'un an après la réception de la nouvelle de la perte arrivée ou de la prise conduite aux colonies des Indes occidentales, aux îles Açores, Canaries, Madère et autres îles et côtes occidentales d'Afrique et orientales d'Amérique ;

Dans le délai de deux ans après la nouvelle des pertes arrivées ou des prises conduites dans toutes les autres parties du monde. [Co. 387.]

Et ces délais passés, les assurés ne seront plus recevables à faire le délaissement. [Co. 375, 379 s. 385 s. 431.]

374. Dans le cas où le délaissement peut être fait, et dans le cas de tous autres accidents au risque des assureurs, l'assuré est tenu de signifier à l'assureur les avis qu'il a reçus.

La signification doit être faite dans les trois jours de la réception de l'avis. [Co. 378, 387, 390.]

375. Si, après un an expiré, à compter du jour du départ du navire, ou du jour auquel se rapportent les dernières nouvelles reçues, pour les voyages ordinaires,

Après deux ans pour les voyages de long cours, [Co. 377.]

L'assuré déclare n'avoir reçu aucune nouvelle de son navire, il peut faire le délaissement à l'assureur, et demander le paiement de l'assurance, sans qu'il soit besoin d'attestation de la perte.

Après l'expiration de l'an ou des deux ans, l'assuré a, pour agir, les délais établis par l'art. 373.

376. Dans le cas d'une assurance pour temps limité, après l'expiration des délais établis, comme ci-dessus, pour les voyages ordinaires et pour ceux de long cours, la perte du navire est présumée arrivée dans le temps de l'assurance.

377. Sont réputés voyages de long cours ceux qui se font aux Indes orientales et occidentales, à la mer Pacifique, au Canada, à Terre-Neuve, au Groenland, et aux autres côtes et îles de l'Amérique méridionale et septentrionale, aux Açores, Canaries, à Madère, et dans toutes les côtes et pays situés sur l'Océan, au-delà des détroits de Gibraltar et du Sund.

378. L'assuré peut, par la signification mentionnée en l'article 374, ou faire le délaissement avec sommation à l'assureur de payer la somme assurée dans le délai fixé par le contrat, ou se réserver de faire le délaissement dans les délais fixés par la loi.

379. L'assuré est tenu, en faisant le délaissement, de déclarer toutes les assurances qu'il a faites ou fait faire, même celles qu'il a ordonnées, et l'argent qu'il a pris à la grosse, soit sur le navire, soit sur les marchandises; faute de quoi, le délai du paiement, qui doit commencer à courir du jour du délaissement, sera suspendu jusqu'au jour où il fera notifier ladite déclaration, sans qu'il en résulte aucune prorogation du délai établi pour former l'action en délaissement.

380. En cas de déclaration frauduleuse, l'assuré est privé des effets de l'assurance; il est tenu de payer les sommes empruntées, nonobstant la perte ou la prise du navire.

381. En cas de naufrage ou d'échouement avec bris, l'assuré doit, sans préjudice du délaissement à faire en temps et lieu, travailler au recouvrement des effets naufragés.

Sur son affirmation, les frais de recouvrement lui sont alloués, jusqu'à concurrence de la valeur des effets recouvrés.

382. Si l'époque du paiement n'est point fixée par le contrat, l'assureur est tenu de payer l'assurance trois mois après la signification du délaissement. [Co. 373.]

383. Les actes justificatifs du chargement et de la perte sont signifiés à l'assureur avant qu'il puisse être poursuivi pour le paiement des sommes assurées.

384. L'assureur est admis à la preuve des faits contraires à ceux qui sont consignés dans les attestations.

L'admission à la preuve ne suspend pas les condamnations de l'assureur au paiement provisoire de la somme assurée, à la charge par l'assuré de donner caution.

L'engagement de la caution est éteint après quatre années révolues, s'il n'y a pas eu de poursuite.

385. Le délaissement signifié et accepté ou jugé valable, les effets assurés appartiennent à l'assureur, à partir de l'époque du délaissement.

L'assureur ne peut, sous prétexte du retour du navire, se dispenser de payer la somme assurée.

386. Le fret des marchandises sauvées, quand même il aurait été payé d'avance, fait partie du délaissement du navire, et appartient également à l'assureur, sans préjudice des droits des prêteurs à la grosse, de ceux des matelots pour leur loyer, et des frais et dépenses pendant le voyage. [Co. 286 s.]

387. En cas d'arrêt de la part d'une puissance, l'assuré est tenu de faire la signification à l'assureur, dans les trois jours de la réception de la nouvelle.

Le délaissement des objets arrêtés ne peut être fait qu'après un délai de six mois de la signification, si l'arrêt a eu lieu dans les mers d'Europe, dans la Méditerranée, ou dans la Baltique;

Qu'après le délai d'un an, si l'arrêt a eu lieu en pays plus éloigné.

Ces délais ne courent que du jour de la signification de l'arrêt.

Dans le cas où les marchandises arrêtées seraient périssables, les délais ci-dessus mentionnés sont réduits à un mois et demi pour le premier cas, et à trois mois pour le second cas. [Co. 573 s.]

388. Pendant les délais portés par l'article précédent, les assurés sont tenus de faire toutes diligences qui peuvent dépendre d'eux, à l'effet d'obtenir la main-levée des effets arrêtés.

Pourront, de leur côté, les assureurs, ou de concert avec les assurés, ou séparément, faire toutes démarches à même fin.

389. Le délaissement à titre d'innavigabilité ne peut être fait, si le navire échoué peut être relevé, réparé, et mis en état de continuer sa route pour le lieu de sa destination.

Dans ce cas, l'assuré conserve son recours sur les assureurs, pour les frais et avaries occasionés par l'échouement. [Co. 400.]

390. Si le navire a été déclaré innavigable, l'assuré sur le chargement est tenu d'en faire la notification dans le délai de trois jours de la réception de la nouvelle. [Co. 371, 387.]

391. Le capitaine est tenu, dans ce cas, de faire toutes diligences pour se procurer un autre navire, à l'effet de transporter les marchandises au lieu de leur destination. [Co. 237, 241, 296.]

392. L'assureur court les risques des marchandises chargées sur un autre navire, dans le cas prévu par l'article précédent, jusqu'à leur arrivée et leur déchargement. [Co. 351, 361.]

393. L'assureur est tenu, en outre, des avaries, frais de déchargement, magasinage, rembarquement, de l'excédant du fret, et de tous autres frais qui auront été faits pour sauver les marchandises, jusqu'à concurrence de la somme assurée.

394. Si, dans les délais prescrits par l'art. 387, le capitaine n'a pu trouver de navire pour recharger les marchandises et les conduire au lieu de leur destination, l'assuré peut en faire le délaissement.

395. En cas de prise, si l'assuré n'a pu en donner avis à l'assureur, il peut racheter les effets sans attendre son ordre.

L'assuré est tenu de signifier à l'assureur la composition qu'il aura faite, aussitôt qu'il en aura les moyens.

396. L'assureur a le choix de prendre la composition à son compte, ou d'y renoncer : il est tenu de notifier son choix à l'assuré, dans les vingt-quatre heures qui suivent la signification de la composition.

S'il déclare prendre la composition à son profit, il est tenu de contribuer sans délai, au paiement du rachat dans les termes de la convention, et à proportion de son intérêt; et il continue de courir les risques du voyage, conformément au contrat d'assurance.

S'il déclare renoncer au profit de la composition, il est tenu au paiement de la somme assurée, sans pouvoir rien prétendre aux effets rachetés.

Lorsque l'assureur n'a pas notifié son choix dans le délai susdit, il est censé avoir renoncé au profit de la composition.

TITRE ONZIÈME.

Des Avaries.

397. Toutes dépenses extraordinaires faites pour le navire et les marchandises, conjointement ou séparément,

Tout dommage qui arrive au navire et aux marchandises, depuis leur chargement et départ jusqu'à leur retour et déchargement,

Sont réputés avaries. [Co. 300, 371.]

398. A défaut de conventions spéciales entre toutes les parties, les avaries sont réglées conformément aux dispositions ci-après.

399. Les avaries sont de deux classes, avaries grosses ou communes, et avaries simples ou particulières.

400. Sont avaries communes,

1° Les choses données par composition et à titre de rachat du navire et des marchandises;

2° Celles qui sont jetées à la mer; [Co. 410 s.]

3° Les câbles ou mâts rompus ou coupés;

4° Les ancres et autres effets abandonnés pour le salut commun;

5° Les dommages occasionés par le jet aux marchandises restées dans le navire;

6° Les pansement et nourriture des matelots blessés en défendant le navire, les loyer et nourriture des matelots pendant la détention, quand le navire est arrêté en voyage par ordre d'une puissance, et pendant les réparations des dommages volontairement soufferts pour le salut commun, si le navire est affrété au mois; [Co. 263.]

7° Les frais du déchargement pour alléger le navire et entrer dans un havre ou dans une rivière, quand le navire est contraint de le faire par tempête ou par la poursuite de l'ennemi;

8° Les frais faits pour remettre à flot le navire échoué dans l'intention d'éviter la perte totale ou la prise; [Co. 389.]

Et en général, les dommages soufferts volontairement et les dépenses faites d'après délibérations motivées, pour le bien et salut commun du navire et des marchandises, depuis leur chargement et départ jusqu'à leur retour et déchargement.

401. Les avaries communes sont supportées par les marchandises et par la moitié du navire et du fret, au marc le franc de la valeur. [Co. 308, 330, 358, 360, 371, 404, 408.]

402. Le prix des marchandises est établi par leur valeur au lieu du déchargement.

403. Sont avaries particulières,

1° Le dommage arrivé aux marchandises par leur vice propre, par tempête, prise, naufrage ou échouement;

2° Les frais faits pour les sauver;

3° La perte des câbles, ancres, voiles, mâts, cordages, causée par tempête ou autre accident de mer;

Les dépenses résultant de toutes relâches occasionées soit par la perte fortuite de ces objets, soit par le besoin d'avitaillement, soit par voie d'eau à réparer;

4° La nourriture et le loyer des matelots pendant la détention, quand le navire est arrêté en voyage par ordre d'une puissance, et pendant les réparations qu'on est obligé d'y faire, si le navire est affrété au voyage;

5° La nourriture et le loyer des matelots pendant la quarantaine, que le navire soit loué au voyage ou au mois;

Et en général, les dépenses faites et le dommage souffert pour le navire seul, ou pour les marchandises seules, depuis leur chargement et départ jusqu'à leur retour et déchargement.

404. Les avaries particulières sont supportées et payées par le propriétaire de la chose qui a essuyé le dommage ou occasioné la dépense. [Co. 401.]

405. Les dommages arrivés aux marchandises, faute par le capitaine d'avoir bien fermé les écoutilles, amarré le navire, fourni de bons guindages, et par tous autres accidents provenant de la négligence du capitaine ou de l'équipage, sont également des avaries particulières supportées par le propriétaire des marchan-

dises, mais pour lesquelles il a son recours contre le capitaine, le navire et le fret. [Co. 216, 221, 435.]

406. Les lamanages, touages, pilotages, pour entrer dans les havres ou rivières, ou pour en sortir, les droits de congés, visites, rapports, tonnes, balises, ancrages et autres droits de navigation, ne sont point avaries; mais ils sont de simples frais à la charge du navire.

407. En cas d'abordage de navires, si l'événement a été purement fortuit, le dommage est supporté, sans répétition, par celui des navires qui l'a éprouvé.

Si l'abordage a été fait par la faute de l'un des capitaines, le dommage est payé par celui qui l'a causé.

S'il y a doute dans les causes de l'abordage, le dommage est réparé à frais communs, et par égale portion, par les navires qui l'ont fait et souffert.

Dans ces deux derniers cas, l'estimation du dommage est faite par experts. [Co. 216, 221, 435 s.]

408. Une demande pour avaries n'est point recevable, si l'avarie commune n'excède pas un pour cent de la valeur cumulée du navire et des marchandises, et si l'avarie particulière n'excède pas aussi un pour cent de la valeur de la chose endommagée.

409. La clause *franc d'avaries* affranchit les assureurs de toutes avaries, soit communes, soit particulières, excepté dans les cas qui donnent ouverture au délaissement; et, dans ces cas, les assurés ont l'option entre le délaissement et l'exercice d'action d'avarie. [Co. 369 s.]

TITRE DOUZIÈME.

Du Jet et de la Contribution.

410. Si, par tempête ou par la chasse de l'ennemi, le capitaine se croit obligé, pour le salut du navire, de jeter en mer une partie de son chargement, de couper ses mâts ou d'abandonner ses ancres, il prend l'avis des intéressés au chargement qui se trouvent dans le vaisseau, et des principaux de l'équipage.

S'il y a diversité d'avis, celui du capitaine et des principaux de l'équipage est suivi. [Co. 241.]

411. Les choses les moins nécessaires, les plus pesantes et

de moindre prix, sont jetées les premières, et ensuite les marchandises du premier pont au choix du capitaine, et par l'avis des principaux de l'équipage.

412. Le capitaine est tenu de rédiger par écrit la délibération, aussitôt qu'il en a les moyens.

La délibération exprime

Les motifs qui ont déterminé le jet,

Les objets jetés ou endommagés.

Elle présente la signature des délibérants, ou les motifs de leur refus de signer.

Elle est transcrite sur le registre.

413. Au premier port où le navire abordera, le capitaine est tenu, dans les vingt-quatre heures de son arrivée, d'affirmer les faits contenus dans la délibération transcrite sur le registre. [Co. 246.]

415. L'état des pertes et dommages est fait dans le lieu du déchargement du navire, à la diligence du capitaine et par experts.

Les experts sont nommés par le tribunal de commerce, si le déchargement se fait dans un port français.

Dans les lieux où il n'y a pas de tribunal de commerce, les experts sont nommés par le juge de paix.

Ils sont nommés par le consul de France, et, à son défaut, par le magistrat du lieu, si la décharge se fait dans un port étranger. Les experts prêtent serment avant d'opérer.

415. Les marchandises jetées sont estimées suivant le prix courant du lieu du déchargement; leur qualité est constatée par la production des connaissements, et des factures s'il y en a.

416. Les experts nommés en vertu de l'article précédent font la répartition des pertes et dommages.

La répartition est rendue exécutoire par l'homologation du tribunal.

Dans les ports étrangers, la répartition est rendue exécutoire par le consul de France, ou, à son défaut, par tout tribunal compétent sur les lieux.

417. La répartition pour le paiement des pertes et dommages est faite sur les effets jetés et sauvés, et sur moitié du navire et du fret, à proportion de leur valeur au lieu du déchargement. [Co. 327, 331, 419 s. 427.]

418. Si la qualité des marchandises a été déguisée par le connaissement, et qu'elles se trouvent d'une plus grande valeur, elles contribuent sur le pied de leur estimation, si elles sont sauvées;

Elles sont payées d'après la qualité désignée par le connaissement, si elles sont perdues.

Si les marchandises déclarées sont d'une qualité inférieure à celle qui est indiquée par le connaissement, elles contribuent d'après la qualité indiquée par le connaissement, si elles sont sauvées;

Elles sont payées sur le pied de leur valeur, si elles sont jetées ou endommagées.

419. Les munitions de guerre et de bouche, et les hardes des gens de l'équipage, ne contribuent point au jet; la valeur de celles qui auront été jetées sera payée par contribution sur tous les autres effets.

420. Les effets dont il n'y a pas de connaissement ou déclaration du capitaine ne sont pas payés s'ils sont jetés; ils contribuent s'ils sont sauvés. [Co. 281.]

421. Les effets chargés sur le tillac du navire contribuent s'ils sont sauvés.

S'ils sont jetés, ou endommagés par le jet, le propriétaire n'est point admis à former une demande en contribution : il ne peut exercer son recours que contre le capitaine. [Co. 229.]

422. Il n'y a lieu à contribution pour raison du dommage arrivé au navire, que dans le cas où le dommage a été fait pour faciliter le jet.

423. Si le jet ne sauve le navire, il n'y a lieu à aucune contribution.

Les marchandises sauvées ne sont point tenues du paiement ni du dédommagement de celles qui ont été jetées ou endommagées.

424. Si le jet sauve le navire, et si le navire, en continuant sa route, vient à se perdre,

Les effets sauvés contribuent au jet sur le pied de leur valeur en l'état où ils se trouvent, déduction faite des frais de sauvetage.

425. Les effets jetés ne contribuent en aucun cas au paiement des dommages arrivés depuis le jet aux marchandises sauvées.

Les marchandises ne contribuent point au paiement du navire perdu, ou réduit à l'état d'innavigabilité.

426. Si, en vertu d'une délibération, le navire a été ouvert pour en extraire les marchandises, elles contribuent à la réparation du dommage causé au navire.

427. En cas de perte des marchandises mises dans des barques pour alléger le navire entrant dans un port ou une rivière, la répartition en est faite sur le navire et son chargement en entier. —Si le navire périt avec le reste de son chargement, il n'est fait aucune répartition sur les marchandises mises dans les allèges, quoiqu'elles arrivent à bon port.

428. Dans tous les cas ci-dessus exprimés, le capitaine et l'équipage sont privilégiés sur les marchandises ou le prix en provenant, pour le montant de la contribution. [Co. 271.]

429. Si, depuis la répartition, les effets jetés sont recouvrés par les propriétaires, ils sont tenus de rapporter au capitaine et aux intéressés ce qu'ils ont reçu dans la contribution, déduction faite des dommages causés par le jet et des frais de recouvrement.

TITRE TREIZIÈME.

Des Prescriptions.

430. Le capitaine ne peut acquérir la propriété du navire par voie de prescription. [C. 2236.]

431. L'action en délaissement est prescrite dans les délais exprimés par l'art. 373.

432. Toute action dérivant d'un contrat à la grosse, ou d'une police d'assurance, est prescrite après cinq ans, à compter de la date du contrat. [Co. 311 s. 332 s. 434.]

433. Sont prescrites

Toutes actions en paiement pour fret de navire, gages et loyers des officiers, matelots et autres gens de l'équipage, un an après le voyage fini; [Co. 250 s. 272, 286.]

Pour nourriture fournie aux matelots par l'ordre du capitaine, un an après la livraison;

Pour fournitures de bois et autres choses nécessaires aux constructions, équipement et avitaillement du navire, un an après ces fournitures faites;

Pour salaires d'ouvriers, et pour ouvrages faits, un an après la réception des ouvrages;

Toute demande en délivrance de marchandises, un an après l'arrivée du navire.

434. La prescription ne peut avoir lieu, s'il y a cédule, obligation, arrêté de compte ou interpellation judiciaire.

TITRE QUATORZIÈME.

Fins de non-recevoir.

435. Sont non recevables

Toutes actions contre le capitaine et les assureurs, pour dommage arrivé à la marchandise, si elle a été reçue sans protestation; [Co. 221 s.]

Toutes actions contre l'affréteur, pour avaries, si le capitaine a livré les marchandises et reçu son fret sans avoir protesté;

Toutes actions en indemnité pour dommages causés par l'abordage dans un lieu où le capitaine a pu agir, s'il n'a point fait de réclamation. [Co. 350 s. 397 s. 407.]

436. Ces protestations et réclamations sont nulles si elles ne sont faites et signifiées dans les vingt-quatre heures, et si, dans le mois de leur date, elles ne sont suivies d'une demande en justice.

LIVRE TROISIÈME.

DES FAILLITES ET DES BANQUEROUTES.

(Loi décrétée le 12 septembre 1807. Promulguée le 22.)

Dispositions générales.

437. Tout commerçant qui cesse ses paiements, est en état de faillite. [Co. 440.]

438. Tout commerçant failli qui se trouve dans l'un des cas de faute grave ou de fraude prévus par la présente loi, est en état de banqueroute. [Co. 586 s. P. 402 s.]

439. Il y a deux espèces de banqueroutes :

La banqueroute simple : elle sera jugée par les tribunaux correctionnels; [Co. 586.]

La banqueroute frauduleuse : elle sera jugée par les cours d'assises. [Co. 593.]

TITRE PREMIER.

De la Faillite.

CHAPITRE I. — *De l'Ouverture de la Faillite.*

440. Tout failli sera tenu, dans les trois jours de la cessation de paiements, d'en faire la déclaration au greffe du tribunal de commerce; le jour où il aura cessé ses paiements sera compris dans ces trois jours.

En cas de faillite d'une société en nom collectif, la déclaration du failli contiendra le nom et l'indication du domicile de chacun des associés solidaires.

441. L'ouverture de la faillite est déclarée par le tribunal de commerce : son époque est fixée, soit par la retraite du débiteur, soit par la clôture de ses magasins, soit par la date de tous actes constatant le refus d'acquitter ou de payer des engagements de commerce.

Tous les actes ci-dessus mentionnés ne constateront néanmoins l'ouverture de la faillite que lorsqu'il y aura cessation de paiements ou déclaration du failli. [Co. 437, 449, 454.]

442. Le failli, à compter du jour de la faillite, est dessaisi, de plein droit, de l'administration de tous ses biens. [Co. 447, 494, 530.]

443. Nul ne peut acquérir privilége ni hypothèque sur les biens du failli, dans les dix jours qui précèdent l'ouverture de la faillite. [C. 2146.]

444. Tous actes translatifs de propriétés immobilières, faits par le failli, à titre gratuit, dans les dix jours qui précèdent l'ouverture de la faillite, sont nuls et sans effet relativement à la masse des créanciers; tous actes du même genre, à titre onéreux, sont susceptibles d'être annulés, sur la demande des créanciers, s'ils paraissent aux juges porter des caractères de fraude. [Co. 447. — C. 1167.]

445. Tous actes ou engagements pour fait de commerce, contractés par le débiteur dans les dix jours qui précèdent l'ouverture de la faillite, sont présumés frauduleux, quant au failli : ils sont nuls, lorsqu'il est prouvé qu'il y a fraude de la part des autres contractants. [C. 1167.]

446. Toutes sommes payées, dans les dix jours qui précèdent

l'ouverture de la faillite, pour dettes commerciales non échues, sont rapportées. [C. 1167.]

447. Tous actes ou paiements faits en fraude des créanciers sont nuls. [C. 1167.]

448. L'ouverture de la faillite rend exigibles les dettes passives non échues : à l'égard des effets de commerce par lesquels le failli se trouvera être l'un des obligés, les autres obligés ne seront tenus que de donner caution pour le paiement à l'échéance, s'ils n'aiment mieux payer immédiatement. [Co. 441.]

CHAP. II. — *De l'Apposition des Scellés.*

449. Dès que le tribunal de commerce aura connaissance de la faillite, soit par la déclaration du failli, soit par la requête de quelque créancier, soit par la notoriété publique, il ordonnera l'apposition des scellés : expédition du jugement sera sur-le-champ adressée au juge de paix. [Co. 440, 454 s. — Pr. 907 s. 912 s. — P. 249.]

450. Le juge de paix pourra aussi apposer les scellés, sur la notoriété acquise. [Co. 454.]

451. Les scellés seront apposés sur les magasins, comptoirs, caisses, porte-feuilles, livres, registres, papiers, meubles et effets du failli.

452. Si la faillite est faite par des associés réunis en société collective, les scellés seront apposés, non-seulement dans le principal manoir de la société, mais dans le domicile séparé de chacun des associés solidaires.

453. Dans tous les cas, le juge de paix adressera, sans délai, au tribunal de commerce, le procès-verbal de l'apposition des scellés.

CHAP. III. — *De la Nomination du Juge-Commissaire et des Agents de la Faillite.*

454. Par le même jugement qui ordonnera l'apposition des scellés, le tribunal de commerce déclarera l'époque de l'ouverture de la faillite; il nommera un de ses membres commissaire de la faillite, et un ou plusieurs agents, suivant l'importance de la faillite, pour remplir, sous la surveillance du commissaire, les fonctions qui leur sont attribuées par la présente loi. [Co. 461, 462 s.]

Dans le cas où les scellés auraient été apposés par le juge de paix, sur la notoriété acquise, le tribunal se conformera au surplus des dispositions ci-dessus prescrites, dès qu'il aura connaissance de la faillite. [Co. 441, 449 s.]

455. Le tribunal de commerce ordonnera, en même temps, ou le dépôt de la personne du failli dans la maison d'arrêt pour dettes, ou la garde de sa personne par un officier de police ou de justice, ou par un gendarme.

Il ne pourra, en cet état, être reçu contre le failli d'écrou ou recommandation, en vertu d'aucun jugement du tribunal de commerce. [Co. 466 s.]

456. Les agents que nommera le tribunal pourront être choisis parmi les créanciers présumés, ou tous autres, qui offriraient le plus de garantie pour la fidélité de leur gestion. Nul ne pourra être nommé agent deux fois dans le cours de la même année, à moins qu'il ne soit créancier. [Co. 459 s. 462 s.]

457. Le jugement sera affiché, et inséré par extrait dans les journaux, suivant le mode établi par l'art. 683 du Code de procédure civile.

Il sera exécutoire provisoirement, mais susceptible d'opposition; savoir : pour le failli, dans les huit jours qui suivront celui de l'affiche; pour les créanciers présents ou représentés, ou pour tout autre intéressé, jusques et y compris le jour du procès-verbal constatant la vérification des créances; pour les créanciers en demeure, jusqu'à l'expiration du dernier délai qui leur aura été accordé.

458. Le juge-commissaire fera au tribunal de commerce le rapport de toutes les contestations que la faillite pourra faire naître et qui seront de la compétence de ce tribunal.

Il sera chargé spécialement d'accélérer la confection du bilan, la convocation des créanciers, et de surveiller la gestion de la faillite, soit pendant la durée de la gestion provisoire des agents, soit pendant celle de l'administration des syndics provisoires ou définitifs. [Co. 466, 474, 476 s. 495, 508.]

459. Les agents nommés par le tribunal de commerce géreront la faillite sous la surveillance du commissaire jusqu'à la nomination des syndics : leur gestion provisoire ne pourra durer que quinze jours au plus, à moins que le tribunal ne trouve nécessaire de prolonger cette agence de quinze autres jours pour tout délai. [Co. 456 s. 462 s. 499.]

460. Les agents seront révocables par le tribunal qui les aura nommés. [Co. 456 s.]

461. Les agents ne pourront faire aucune fonction, avant d'avoir prêté serment, devant le commissaire, de bien et fidèlement s'acquitter des fonctions qui leur seront attribuées.

CHAP. IV.— *Des Fonctions préalables des Agents, et des premières Dispositions à l'égard du Failli.*

462. Si, après la nomination des agents et la prestation du serment, les scellés n'avaient point été apposés, les agents requerront le juge de paix de procéder à l'apposition. [Co. 449 s. 461.]

463. Les livres du failli seront extraits des scellés, et remis par le juge de paix aux agents, après avoir été arrêtés par lui : il constatera sommairement, par son procès-verbal, l'état dans lequel ils se trouveront. [Co. 468.]

Les effets du porte-feuille qui seront à courte échéance ou susceptibles d'acceptation, seront aussi extraits des scellés par le juge de paix, décrits et remis aux agents pour en faire le recouvrement; le bordereau en sera remis au commissaire.

Les agents recevront les autres sommes dues au failli, et sur leurs quittances, qui devront être visées par le commissaire. Les lettres adressées au failli seront remises aux agents : ils les ouvriront, s'il est absent; s'il est présent, il assistera à leur ouverture. [Co. 442, 465, 472, 492, 583 s.]

464. Les agents feront retirer et vendre les denrées et marchandises sujettes à dépérissement prochain, après avoir exposé leurs motifs au commissaire et obtenu son autorisation.

Les marchandises non dépérissables ne pourront être vendues par les agents qu'après la permission du tribunal de commerce, et sur le rapport du commissaire. [Co. 492.]

465. Toutes les sommes reçues par les agents seront versées dans une caisse à deux clefs, dont il sera fait mention à l'article 496.

466. Après l'apposition des scellés, le commissaire rendra compte au tribunal de l'état apparent des affaires du failli, et pourra proposer ou sa mise en liberté pure et simple, avec sauf-conduit provisoire de sa personne, ou sa mise en liberté avec sauf-conduit, en fournissant caution de se représenter, sous peine de paiement d'une somme que le tribunal arbitrera, et qui tournera, le cas advenant, au profit des créanciers. [Co. 455, 490.]

467. A défaut par le commissaire de proposer un sauf-conduit pour le failli, ce dernier pourra présenter sa demande au tribunal de commerce, qui statuera après avoir entendu le commissaire. [Co. 490. — Pr. 782.]

468. Si le failli a obtenu un sauf-conduit, les agents l'appelleront auprès d'eux, pour clore et arrêter les livres en sa présence.

Si le failli ne se rend pas à l'invitation, il sera sommé de comparaître.

Si le failli ne comparaît pas quarante-huit heures après la sommation, il sera réputé s'être absenté à dessein.

Le failli pourra néanmoins comparaître par fondé de pouvoir, s'il propose des empêchements jugés valables par le commissaire. [Co. 463, 493, 516.]

469. Le failli qui n'aura pas obtenu de sauf-conduit comparaîtra par un fondé de pouvoir; à défaut de quoi, il sera réputé s'être absenté à dessein.

CHAP. V. — *Du Bilan.*

470. Le failli qui aura, avant la déclaration de sa faillite, préparé son bilan, ou état passif et actif de ses affaires, et qui l'aura gardé par-devers lui, le remettra aux agents, dans les vingt-quatre heures de leur entrée en fonctions. [Co. 528.]

471. Le bilan devra contenir l'énumération et l'évaluation de tous les effets mobiliers et immobiliers du débiteur, l'état des dettes actives et passives, le tableau des profits et des pertes, le tableau des dépenses; le bilan devra être certifié véritable, daté et signé par le débiteur. [Co. 489.]

472. Si, à l'époque de l'entrée en fonctions des agents, le failli n'avait pas préparé le bilan, il sera tenu, par lui, ou par son fondé de pouvoir, suivant les cas prévus par les art. 468 et 469, de procéder à la rédaction du bilan, en présence des agents ou de la personne qu'ils auront préposée.

Les livres et papiers du failli lui seront, à cet effet, communiqués sans déplacement.

473. Dans tous les cas où le bilan n'aurait pas été rédigé, soit par le failli, soit par un fondé de pouvoir, les agents procèderont eux-mêmes à la formation du bilan, au moyen des livres et papiers du failli, et au moyen des informations et renseignements qu'ils pourront se procurer auprès de la femme du failli, de ses enfants, de ses commis et autres employés.

474. Le juge-commissaire pourra aussi, soit d'office, soit sur la demande d'un ou de plusieurs créanciers, ou même de l'agent, interroger les individus désignés dans l'article précédent, à l'exception de la femme et des enfants du failli, tant sur ce qui concerne la formation du bilan, que sur les causes et les circonstances de sa faillite.

475. Si le failli vient à décéder après l'ouverture de sa faillite, sa veuve ou ses enfants pourront se présenter pour suppléer leur auteur dans la formation du bilan, et pour toutes les autres obligations imposées au failli par la présente loi; à leur défaut, les agents procèderont.

CHAP. VI. — *Des Syndics provisoires.*

SECTION I. — *De la Nomination des Syndics provisoires.*

476. Dès que le bilan aura été remis par les agents au commissaire, celui-ci dressera, dans trois jours pour tout délai, la liste des créanciers, qui sera remise au tribunal de commerce, et il les fera convoquer par lettres, affiches, et insertion dans les journaux. [Co. 458, 502.]

477. Même avant la confection du bilan, le commissaire délégué pourra convoquer les créanciers, suivant l'exigence des cas.

478. Les créanciers susdits se réuniront, en présence du commissaire, aux jour et lieu indiqués par lui.

479. Toute personne qui se présenterait comme créancier à cette assemblée, et dont le titre serait postérieurement reconnu supposé de concert entre elle et le failli, encourra les peines portées contre les complices de banqueroutiers frauduleux. [Co. 517. — P. 402, 403.]

480. Les créanciers réunis présenteront au juge-commissaire une liste triple du nombre des syndics provisoires qu'ils estimeront devoir être nommés; sur cette liste, le tribunal de commerce nommera.

SECTION II. — *De la Cessation des fonctions des Agents.*

481. Dans les vingt-quatre heures qui suivront la nomination

des syndics provisoires, les agents cesseront leurs fonctions, et rendront compte aux syndics, en présence du commissaire, de toutes leurs opérations et de l'état de la faillite. [Co. 483 s. 488. —Pr. 527 s.]

482. Après ce compte rendu, les syndics continueront les opérations commencées par les agents, et seront chargés provisoirement de toute l'administration de la faillite, sous la surveillance du juge-commissaire. [Co. 458, 494, 499.]

SECTION III. — *Des Indemnités pour les Agents.*

483. Les agents, après la reddition de leur compte, auront droit à une indemnité, qui leur sera payée par les syndics provisoires.

484. Cette indemnité sera réglée selon les lieux et suivant la nature de la faillite, d'après les bases qui seront établies par un réglement d'administration publique.

485. Si les agents ont été pris parmi les créanciers, ils ne recevront aucune indemnité.

CHAP. VII. — *Des Opérations des Syndics provisoires.*

SECTION I. — *De la Levée des Scellés, et de l'Inventaire.*

486. Aussitôt après leur nomination, les syndics provisoires requerront la levée des scellés, et procèderont à l'inventaire des biens du failli. Ils seront libres de se faire aider, pour l'estimation, par qui ils jugeront convenable. Conformément à l'article 937 du Code de procédure civile, cet inventaire se fera par les syndics à mesure que les scellés seront levés, et le juge de paix y assistera et le signera à chaque vacation. [Co. 489.]

487. Le failli sera présent ou dûment appelé à la levée des scellés et aux opérations de l'inventaire. [Co. 468, 475.]

488. En toute faillite, les agents, syndics provisoires et définitifs, seront tenus de remettre, dans la huitaine de leur entrée en fonctions, au magistrat de sûreté de l'arrondissement, un mémoire ou compte sommaire de l'état apparent de la faillite, de ses principales causes et circonstances, et des caractères qu'elle paraît avoir. [Co. 481. —I. 22.]

489. Le magistrat de sûreté pourra, s'il le juge convenable, se transporter au domicile du failli ou des faillis, assister à la rédaction du bilan, de l'inventaire et des autres actes de la faillite, se faire donner tous les renseignements qui en résulteront, et faire en conséquence les actes ou poursuites nécessaires; le tout d'office et sans frais. [Co. 471 s.]

490. S'il présume qu'il y a banqueroute simple ou frauduleuse, s'il y a mandat d'amener, de dépôt ou d'arrêt décerné contre le failli, il en donnera connaissance, sans délai, au juge-commissaire du tribunal de commerce; en ce cas, ce commissaire ne pourra proposer ni le tribunal accorder de sauf-conduit au failli. [Co. 466, 468.]

SECTION II. — *De la Vente des Marchandises et Meubles, et des Recouvrements.*

491. L'inventaire terminé, les marchandises, l'argent, les titres actifs, meubles et effets du débiteur, seront remis aux syndics, qui s'en chargeront au pied dudit inventaire. [Co. 463.]

492. Les syndics pourront, sous l'autorisation du commissaire, procéder au recouvrement des dettes actives du failli.

Ils pourront aussi procéder à la vente de ses effets et marchandises, soit par la voie des enchères publiques, par l'entremise des courtiers et à la bourse, soit à l'amiable, à leur choix. [Co. 463 s.]

493. Si le failli a obtenu un sauf-conduit, les syndics pourront l'employer pour faciliter et éclairer leur gestion; ils fixeront les conditions de son travail. [Co. 468, 475.]

494. A compter de l'entrée en fonctions des agents et ensuite des syndics, toute action civile intentée, avant la faillite, contre la personne et les biens mobiliers du failli, par un créancier privé, ne pourra être suivie que contre les agents et les syndics; et toute action qui serait intentée après la faillite, ne pourra l'être que contre les agents et les syndics. [Co. 442, 459, 482, 499.]

495. Si les créanciers ont quelque motif de se plaindre des opérations des syndics, ils en réfèreront au commissaire, qui statuera, s'il y a lieu, ou fera son rapport au tribunal de commerce. [C. 458.]

496. Les deniers provenant des ventes et des recouvrements seront versés, sous la déduction des dépenses et frais, dans une caisse à double serrure. Une des clefs sera remise au plus âgé des agents ou syndics, et l'autre à celui d'entre les créanciers que le commissaire aura préposé à cet effet. [Co. 465, 527, 530.]

497. Toutes les semaines, le bordereau de situation de la caisse de la faillite sera remis au commissaire, qui pourra, sur la demande des syndics, et à raison des circonstances, ordonner le versement de tout ou partie des fonds à la caisse d'amortissement, ou entre les mains du délégué de cette caisse dans les départements, à la charge de faire courir, au profit de la masse, les intérêts accordés aux sommes consignées à cette même caisse.

498. Le retirement des fonds versés à la caisse d'amortissement se fera en vertu d'une ordonnance du commissaire.

SECTION III. — *Des Actes conservatoires.*

499. A compter de leur entrée en fonctions, les agents, et ensuite les syndics, seront tenus de faire tous actes pour la conservation des droits du failli sur ses débiteurs.

Ils seront aussi tenus de requérir l'inscription aux hypothèques sur les immeubles des débiteurs du failli, si elle n'a été requise par ce dernier, et s'il a des titres hypothécaires. L'inscription sera reçue au nom des agents et des syndics, qui joindront à leurs bordereaux un extrait des jugements qui les auront nommés. [Co. 442, 494.]

500. Ils seront tenus de prendre inscription, au nom de la masse des créanciers, sur les immeubles du failli dont ils connaîtront l'existence. L'inscription sera reçue sur un simple bordereau énonçant qu'il y a faillite, et relatant la date du jugement par lequel ils auront été nommés. [C. 2146.]

SECTION IV. — *De la Vérification des Créances.*

501. La vérification des créances sera faite sans délai; le commissaire veillera à ce qu'il y soit procédé diligemment, à mesure que les créanciers se présenteront. [Co. 504 s. 511 s. 519.]

502. Tous les créanciers du failli seront avertis, à cet effet, par les papiers publics et par lettres des syndics, de se présenter, dans le délai de quarante jours, par eux ou par leurs fondés de pouvoir, aux syndics de la faillite; de leur déclarer à quel titre et pour quelle somme ils sont créanciers, et de leur remettre leurs titres de créance, ou de les déposer au greffe du tribunal de commerce. Il leur en sera donné récépissé. [Co. 476, 511 s. 597.]

503. La vérification des créances sera faite contradictoire-

ment entre le créancier ou son fondé de pouvoir et les syndics, et en présence du juge-commissaire, qui en dressera procès-verbal. Cette opération aura lieu dans les quinze jours qui suivront le délai fixé par l'article précédent. [Co. 511 s.]

504. Tout créancier dont la créance aura été vérifiée et affirmée, pourra assister à la vérification des autres créances, et fournir tout contredit aux vérifications faites ou à faire. [Co. 506 s. 597.]

505. Le procès-verbal de vérification énoncera la représentation des titres de créance, le domicile des créanciers et de leurs fondés de pouvoir.

Il contiendra la description sommaire des titres, lesquels seront rapprochés des registres du failli.

Il mentionnera les surcharges, ratures et interlignes.

Il exprimera que le porteur est légitime créancier de la somme par lui réclamée.

Le commissaire pourra, suivant l'exigence des cas, demander aux créanciers la représentation de leurs registres, ou l'extrait fait par les juges de commerce du lieu, en vertu d'un compulsoire; il pourra aussi, d'office, renvoyer devant le tribunal de commerce, qui statuera sur son rapport. [Co. 508 s.]

506. Si la créance n'est pas contestée, les syndics signeront, sur chacun des titres, la déclaration suivante :

*Admis au passif de la faillite de ***, pour la somme de.... le....* Le visa du commissaire sera mis au bas de la déclaration. [Co. 504, 508, 514 s.]

507. Chaque créancier, dans le délai de huitaine, après que sa créance aura été vérifiée, sera tenu d'affirmer, entre les mains du commissaire, que ladite créance est sincère et véritable. [Co. 511, 513 s. 597.]

508. Si la créance est contestée en tout ou en partie, le juge-commissaire, sur la réquisition des syndics, pourra ordonner la représentation des titres du créancier, et le dépôt de ces titres au greffe du tribunal de commerce. Il pourra même, sans qu'il soit besoin de citation, renvoyer les parties, à bref délai, devant le tribunal de commerce, qui jugera sur son rapport. [Co. 458.]

509. Le tribunal de commerce pourra ordonner qu'il soit fait, devant le commissaire, enquête sur les faits, et que les personnes qui pourront fournir des renseignements soient à cet effet citées par-devant lui. [Pr. 252 s. 432.]

510. A l'expiration des délais fixés pour les vérifications des créances, les syndics dresseront un procès-verbal contenant les noms de ceux des créanciers qui n'auront pas comparu. Ce procès-verbal, clos par le commissaire, les établira en demeure.

511. Le tribunal de commerce, sur le rapport du commissaire, fixera, par jugement, un nouveau délai pour la vérification.

Ce délai sera déterminé d'après la distance du domicile du créancier en demeure, de manière qu'il y ait un jour par chaque distance de trois myriamètres : à l'égard des créanciers résidant hors de France, on observera les délais prescrits par l'art. 73 du Code de procédure civile.

512. Le jugement qui fixera le nouveau délai sera notifié aux créanciers, au moyen des formalités voulues par l'art. 683 du Code de procédure civile; l'accomplissement de ces formalités vaudra signification à l'égard des créanciers qui n'auront pas comparu, sans que pour cela, la nomination des syndics définitifs soit retardée.

513. A défaut de comparution et affirmation dans le délai fixé par le jugement, les défaillants ne seront pas compris dans les répartitions à faire.

Toutefois la voie de l'opposition leur sera ouverte jusqu'à la dernière distribution des deniers inclusivement, mais sans que les défaillants, quand même ils seraient des créanciers inconnus, puissent rien prétendre aux répartitions consommées, qui, à leur égard, seront réputées irrévocables, et sur lesquelles ils seront entièrement déchus de la part qu'ils auraient pu prétendre. [Pr. 664, 756, 758.]

CHAP. VIII. — *Des Syndics définitifs et de leurs Fonctions.*

SECTION I. — *De l'Assemblée des Créanciers dont les créances sont vérifiées et affirmées.*

514. Dans les trois jours après l'expiration des délais prescrits pour l'affirmation des créanciers connus, les créanciers dont les créances ont été admises, seront convoqués par les syndics provisoires. [Co. 503 s. 511.]

515. Aux lieu, jour et heure qui seront fixés par le commissaire, l'assemblée se formera sous sa présidence; il n'y sera admis

que des créanciers reconnus, ou leurs fondés de pouvoir. [Co. 506 s. 510 s.]

516. Le failli sera appelé à cette assemblée : il devra s'y présenter en personne, s'il a obtenu un sauf-conduit; et il ne pourra s'y faire représenter que pour des motifs valables, et approuvés par le commissaire. [Co. 446 s. 475, 490.]

517. Le commissaire vérifiera les pouvoirs de ceux qui s'y présenteront comme fondés de procuration; il fera rendre compte en sa présence, par les syndics provisoires, de l'état de la faillite, des formalités qui auront été remplies et des opérations qui auront eu lieu : le failli sera entendu. [Co. 475.]

518. Le commissaire tiendra procès-verbal de ce qui aura été dit et décidé dans cette assemblée.

SECTION II. — *Du Concordat.*

519. Il ne pourra être consenti de traité entre les créanciers délibérants et le débiteur failli, qu'après l'accomplissement des formalités ci-dessus prescrites.

Ce traité ne s'établira que par le concours d'un nombre de créanciers formant la majorité, et représentant, en outre, par leurs titres de créances vérifiées, les trois quarts de la totalité des sommes dues, selon l'état des créances vérifiées et enregistrées, conformément à la section IV du chap. VII; le tout à peine de nullité. [Co. 501 s. 522.]

520. Les créanciers hypothécaires inscrits et ceux nantis d'un gage n'auront point de voix dans les délibérations relatives au concordat. [Co. 524, 535 s. 539.]

521. Si l'examen des actes, livres et papiers du failli, donne quelque présomption de banqueroute, il ne pourra être fait aucun traité entre le failli et les créanciers, à peine de nullité : le commissaire veillera à l'exécution de la présente disposition. [Co. 490, 586 s.]

522. Le concordat, s'il est consenti, sera, à peine de nullité, signé séance tenante : si la majorité des créanciers présents consent au concordat, mais ne forme pas les trois quarts en somme, la délibération sera remise à huitaine pour tout délai. [Co. 519 s.]

523. Les créanciers opposants au concordat seront tenus de faire signifier leurs oppositions aux syndics et au failli dans huitaine *pour tout délai.*

524. Le traité sera homologué dans la huitaine du jugement sur les oppositions. L'homologation le rendra obligatoire pour tous les créanciers, et conservera l'hypothèque à chacun d'eux sur les immeubles du failli; à cet effet, les syndics seront tenus de faire inscrire aux hypothèques le jugement d'homologation, à moins qu'il n'y ait été dérogé par le concordat. [Co. 526, 539 s. — C. 2146.]

525. L'homologation étant signifiée aux syndics provisoires, ceux-ci rendront leur compte définitif au failli, en présence du commissaire; ce compte sera débattu et arrêté. En cas de contestation, le tribunal de commerce prononcera : les syndics remettront ensuite au failli l'universalité de ses biens, ses livres, papiers, effets.

Le failli donnera décharge; les fonctions du commissaire et des syndics cesseront, et il sera dressé du tout procès-verbal par le commissaire. [Co. 481, 527. — Pr. 527 s.]

526. Le tribunal de commerce pourra, pour cause d'inconduite ou de fraude, refuser l'homologation du concordat; et, dans ce cas, le failli sera en prévention de banqueroute, et renvoyé, de droit, devant le magistrat de sûreté, qui sera tenu de poursuivre d'office.

S'il accorde l'homologation, le tribunal déclarera le failli excusable, et susceptible d'être réhabilité aux conditions exprimées au titre ci-après *de la Réhabilitation*. [Co. 531, 586 s. 604 s.]

SECTION III. — *De l'Union des Créanciers.*

527. S'il n'intervient point de traité, les créanciers assemblés formeront, à la majorité individuelle des créanciers présents, un contrat d'union; ils nommeront un ou plusieurs syndics définitifs : les créanciers nommeront un caissier, chargé de recevoir les sommes provenant de toute espèce de recouvrement. Les syndics définitifs recevront le compte des syndics provisoires, ainsi qu'il a été dit pour le compte des agents à l'art. 481. [Co. 465, 496, 563.]

528. Les syndics représenteront la masse des créanciers; ils procèderont à la vérification du bilan, s'il y a lieu.

Ils poursuivront, en vertu du contrat d'union, et sans autres titres authentiques, la vente des immeubles du failli, celle de ses marchandises et effets mobiliers, et la liquidation de ses dettes actives et passives; le tout sous la surveillance du commissaire, et sans qu'il soit besoin d'appeler le failli. [Co. 470 s. 492, 564 s. 600.]

529. Dans tous les cas, il sera, sous l'approbation du commissaire, remis au failli et à sa famille les vêtements, hardes et meubles nécessaires à l'usage de leurs personnes. Cette remise se fera sur la proposition des syndics, qui en dresseront l'état. [Co. 554.]

530. S'il n'existe pas de présomption de banqueroute, le failli aura droit de demander, à titre de secours, une somme sur ses biens : les syndics en proposeront la quotité; et le tribunal, sur le rapport du commissaire, la fixera en proportion des besoins et de l'étendue de la famille du failli, de sa bonne foi, et du plus ou moins de perte qu'il fera supporter à ses créanciers. [Co. 442.]

531. Toutes les fois qu'il y aura union de créanciers, le commissaire du tribunal de commerce lui rendra compte des circonstances. Le tribunal prononcera, sur son rapport, comme il est dit à la section II du présent chapitre, si le failli est ou non excusable, et susceptible d'être réhabilité.

En cas de refus du tribunal de commerce, le failli sera en prévention de banqueroute, et renvoyé, de droit, devant le magistrat de sûreté, comme il est dit à l'article 526. [Co. 586, 604.]

CHAP. IX. — *Des Différentes espèces de Créanciers, et de leurs droits en cas de faillite.*

SECTION I. — *Dispositions générales.*

532. S'il n'y a pas d'action en expropriation des immeubles, formée avant la nomination des syndics définitifs, eux seuls seront admis à poursuivre la vente; ils seront tenus d'y procéder dans huitaine, selon la forme qui sera indiquée ci-après. [Co. 564 s.]

533. Les syndics présenteront au commissaire l'état des créanciers se prétendant privilégiés sur les meubles; et le commissaire autorisera le paiement de ces créanciers sur les premiers deniers rentrés. S'il y a des créanciers contestant le privilége, le tribunal prononcera; les frais seront supportés par ceux dont la demande aura été rejetée, et ne seront pas au compte de la masse. [C. 2100 s.]

534. Le créancier porteur d'engagements solidaires entre le failli et d'autres coobligés qui sont en faillite, participera aux distributions dans toutes les masses, jusqu'à son parfait et entier paiement. [Co. 558.]

535. Les créanciers du failli qui seront valablement nantis par des gages, ne seront inscrits dans la masse que pour mémoire. [Co. 520.]

536. Les syndics seront autorisés à retirer les gages au profit de la faillite, en remboursant la dette.

537. Si les syndics ne retirent pas le gage, qu'il soit vendu par les créanciers, et que le prix excède la créance, le surplus sera recouvré par les syndics; si le prix est moindre que la créance, le créancier nanti viendra à contribution pour le surplus. [Co. 558 s.]

538. Les créanciers garantis par un cautionnement seront compris dans la masse, sous la déduction des sommes qu'ils auront reçues de la caution; la caution sera comprise dans la même masse pour tout ce qu'elle aura payé à la décharge du failli. [Co. 558.]

SECTION II. — *Des Droits des Créanciers hypothécaires.*

539. Lorsque la distribution du prix des immeubles sera faite antérieurement à celle du prix des meubles, ou simultanément, les seuls créanciers hypothécaires non remplis sur le prix des immeubles, concourront, à proportion de ce qui leur restera dû, avec les créanciers chirographaires, sur les deniers appartenant à la masse chirographaire. [Co. 520, 543, 658 s.]

540. Si la vente du mobilier précède celle des immeubles et donne lieu à une ou plusieurs répartitions de deniers avant la distribution du prix des immeubles, les créanciers hypothécaires concourront à ces répartitions dans la proportion de leurs créances totales, et sauf, le cas échéant, les distractions dont il sera ci-après parlé. [Co. 558 s.]

541. Après la vente des immeubles et le jugement d'ordre entre les créanciers hypothécaires, ceux d'entre ces derniers qui viendront en ordre utile sur le prix des immeubles pour la totalité de leurs créances, ne toucheront le montant de leur collocation hypothécaire que sous la déduction des sommes par eux perçues dans la masse chirographaire. — Les sommes ainsi déduites ne resteront point dans la masse hypothécaire, mais

retourneront à la masse chirographaire, au profit de laquelle il en sera fait distraction. [Co. 558 s.]

542. A l'égard des créanciers hypothécaires qui ne seront colloqués que partiellement dans la distribution du prix des immeubles, il sera procédé comme il suit :

Leurs droits sur la masse chirographaire seront définitivement réglés d'après les sommes dont ils resteront créanciers après leur collocation immobilière; et les deniers qu'ils auront touchés au-delà de cette proportion dans la distribution antérieure, leur seront retenus sur le montant de leur collocation hypothécaire, et reversés dans la masse chirographaire.

543. Les créanciers hypothécaires qui ne viennent point en ordre utile, seront considérés comme purement et simplement chirographaires. [Co. 558 s.]

SECTION III. — *Des Droits des Femmes.*

544. En cas de faillite, les droits et actions des femmes, lors de la publication de la présente loi, seront réglés ainsi qu'il suit. [Co. 557.]

545. Les femmes mariées sous le régime dotal, les femmes séparées de biens, et les femmes communes en biens qui n'auraient point mis les immeubles apportés en communauté, reprendront en nature lesdits immeubles et ceux qui leur seront survenus par successions ou donations entre-vifs ou pour cause de mort. [Co. 548. — C. 1443 s. 1470 s. 1493, 1554, 1564.]

546. Elles reprendront pareillement les immeubles acquis par elles et en leur nom, des deniers provenant desdites successions et donations, pourvu que la déclaration d'emploi soit expressément stipulée au contrat d'acquisition, et que l'origine des deniers soit constatée par inventaire ou par tout autre acte authentique. [Co. 548. — C. 1042, 1493 s.]

547. Sous quelque régime qu'ait été formé le contrat de mariage, hors le cas prévu par l'article précédent, la présomption légale est que les biens acquis par la femme du failli appartiennent à son mari, sont payés de ses deniers, et doivent être réunis à la masse de son actif; sauf à la femme à fournir la preuve du contraire. [Co. 550. — C. 1402, 1404 s.]

548. L'action en reprise, résultant des dispositions des articles 545 et 546, ne sera exercée par la femme qu'à charge des dettes et hypothèques dont les biens seront grevés, soit que la femme s'y soit volontairement obligée, soit qu'elle y ait été judiciairement condamnée.

549. La femme ne pourra exercer, dans la faillite, aucune action à raison des avantages portés au contrat de mariage; et réciproquement, les créanciers ne pourront se prévaloir, dans aucun cas, des avantages faits par la femme au mari dans le même contrat. [Co. 553. — C. 1480, 1515 s.]

550. En cas que la femme ait payé des dettes pour son mari, la présomption légale est qu'elle l'a fait des deniers de son mari; et elle ne pourra, en conséquence, exercer aucune action dans la faillite, sauf la preuve contraire, comme il est dit à l'art. 547.

551. La femme dont le mari était commerçant à l'époque de la célébration du mariage, n'aura hypothèque, pour les deniers ou effets mobiliers qu'elle justifiera par actes authentiques avoir apportés en dot, pour le remploi de ses biens aliénés pendant le mariage, et pour l'indemnité des dettes par elle contractées avec son mari, que sur les immeubles qui appartenaient à son mari à l'époque ci-dessus. [Co. 553. — C. 1472, 1493 s. 2135 s.]

552. Sera, à cet égard, assimilée à la femme dont le mari était commerçant à l'époque de la célébration du mariage, la femme qui aura épousé un fils de négociant, n'ayant, à cette époque, aucun état ou profession déterminée, et qui deviendrait lui-même négociant.

553. Sera exceptée des dispositions des art. 549 et 551, et jouira de tous les droits hypothécaires accordés aux femmes par le Code civil, la femme dont le mari avait, à l'époque de la célébration du mariage, une profession déterminée autre que celle de négociant : néanmoins cette exception ne sera pas applicable à la femme dont le mari ferait le commerce dans l'année qui suivrait la célébration du mariage.

554. Tous les meubles meublants, effets mobiliers, diamants, tableaux, vaisselle d'or et d'argent, et autres objets, tant à l'usage du mari qu'à celui de la femme, sous quelque régime qu'ait été formé le contrat de mariage, seront acquis aux créanciers, sans que la femme puisse en recevoir autre chose que les habits et linge à son usage, qui lui seront accordés d'après les dispositions de l'art. 529.

Toutefois la femme pourra reprendre les bijoux, diamants et vaisselle qu'elle pourra justifier, par état légalement dressé, annexé aux actes, ou par bons et loyaux inventaires, lui avoir été donnés par contrat de mariage, ou lui être advenus par succession seulement.

555. La femme qui aurait détourné, diverti ou recélé des effets mobiliers portés en l'article précédent, des marchandises, des effets de commerce, de l'argent comptant, sera condamnée à les rapporter à la masse, et poursuivie en outre comme complice de banqueroute frauduleuse. [Co. 597. — C. 1460, 1477. — P. 403.]

556. Pourra aussi, suivant la nature des cas, être poursuivie comme complice de banqueroute frauduleuse, la femme qui aura prêté son nom ou son intervention à des actes faits par le mari en fraude de ses créanciers. [Co. 597.]

557. Les dispositions portées en la présente section ne seront point applicables aux droits et actions des femmes acquis avant la publication de la présente loi.

CHAP. X. — *De la Répartition entre les Créanciers, et de la Liquidation du Mobilier.*

558. Le montant de l'actif mobilier du failli, distraction faite des frais et dépenses de l'administration de la faillite, du secours qui a été accordé au failli, et des sommes payées aux privilégiés, sera réparti entre tous les créanciers au marc le franc de leurs créances vérifiées et affirmées. [Co. 534 s. 539 s.]

559. A cet effet, les syndics remettront, tous les mois, au commissaire, un état de situation de la faillite, et des deniers existant en caisse; le commissaire ordonnera, s'il y a lieu, une répartition entre les créanciers, et en fixera la quotité.

560. Les créanciers seront avertis des décisions du commissaire et de l'ouverture de la répartition.

561. Nul paiement ne sera fait que sur la représentation du titre constitutif de la créance.

Le caissier mentionnera, sur le titre, le paiement qu'il effectuera; le créancier donnera quittance en marge de l'état de répartition.

562. Lorsque la liquidation sera terminée, l'union des créanciers sera convoquée à la diligence des syndics, sous la présidence du commissaire; les syndics rendront leur compte, et son reliquat formera la dernière répartition. [Pr. 527 s.]

563. L'union pourra, dans tout état de cause, se faire autoriser par le tribunal de commerce, le failli dûment appelé, à traiter à forfait des droits et actions dont le recouvrement n'aurait pas été opéré, et à les aliéner; en ce cas, les syndics feront tous les actes nécessaires. [Co. 517.]

CHAP. XI. — *Du Mode de vente des Immeubles du Failli.*

564. Les syndics de l'union, sous l'autorisation du commissaire, procèderont à la vente des immeubles suivant les formes prescrites par le Code civil pour la vente des biens des mineurs. [Co. 528.—C. 459.—Pr. 958 s.]

565. Pendant huitaine après l'adjudication, tout créancier aura droit de surenchérir. La surenchère ne pourra être au-dessous du dixième du prix principal de l'adjudication. [Pr. 710 s.]

TITRE DEUXIÈME.

De la Cession de Biens.

566. La cession de biens par le failli est volontaire ou judiciaire. [C. 1265 s.—Pr. 898 s.]

567. Les effets de la cession volontaire se déterminent par les conventions entre le failli et les créanciers.

568. La cession judiciaire n'éteint point l'action des créanciers sur les biens que le failli peut acquérir par la suite; elle n'a d'autre effet que de soustraire le débiteur à la contrainte par corps. [C. 1268, 1270.—Pr. 800.]

569. Le failli qui sera dans le cas de réclamer la cession judiciaire, sera tenu de former sa demande au tribunal, qui se fera remettre les titres nécessaires : la demande sera insérée dans les papiers publics, comme il est dit à l'art. 683 du Code de procédure civile. [Co. 635.—Pr. 898 s.]

570. La demande ne suspendra l'effet d'aucune poursuite, sauf au tribunal à ordonner, parties appelées, qu'il y sera sursis provisoirement. [Pr. 900.]

571. Le failli admis au bénéfice de cession sera tenu de faire ou de réitérer sa cession en personne et non par procureur, ses créanciers appelés, à l'audience du tribunal de commerce de son domicile; et, s'il n'y a pas de tribunal de commerce, à la maison commune, un jour de séance. La déclaration du failli sera constatée, dans ce dernier cas, par le procès-verbal de l'huissier, qui sera signé par le maire. [Pr. 901.]

572. Si le débiteur est détenu, le jugement qui l'admettra au bénéfice de cession ordonnera son extraction, avec les précautions en tel cas requises et accoutumées, à l'effet de faire sa déclaration conformément à l'article précédent. [Pr. 902.]

573. Les nom, prénoms, profession et demeure du débiteur, seront insérés dans des tableaux à ce destinés, placés dans l'auditoire du tribunal de commerce de son domicile, ou du tribunal civil qui en fait les fonctions, dans le lieu des séances de la maison commune, et à la bourse. [Pr. 903.]

574. En exécution du jugement qui admettra le débiteur au bénéfice de cession, les créanciers pourront faire vendre les biens meubles et immeubles du débiteur, et il sera procédé à cette vente dans les formes prescrites pour les ventes faites par union de créanciers. [C. 1269.—Pr. 904.]

575. Ne pourront être admis au bénéfice de cession,

1° Les stellionataires, les banqueroutiers frauduleux, les personnes condamnées pour fait de vol ou d'escroquerie, ni les personnes comptables;

2° Les étrangers, les tuteurs, administrateurs ou dépositaires. [Co. 596, 613.—C. 1945, 2059.—Pr. 905.—P. 379 s. 405.]

TITRE TROISIÈME.

De la Revendication.

576. Le vendeur pourra, en cas de faillite, revendiquer les marchandises par lui vendues et livrées, et dont le prix ne lui a pas été payé, dans les cas et aux conditions ci-après exprimés.

577. La revendication ne pourra avoir lieu que pendant que les marchandises expédiées seront encore en route, soit par terre, soit par eau, et avant qu'elles soient entrées dans les magasins du failli ou dans les magasins du commissionnaire chargé de les vendre pour le compte du failli. [Co. 93.—Pr. 826 s.]

578. Elles ne pourront être revendiquées, si, avant leur arrivée, elles ont été vendues sans fraude, sur factures et connaissements ou lettres de voiture.

579. En cas de revendication, le revendiquant sera tenu de rendre l'actif du failli indemne de toute avance faite pour fret ou voiture, commission, assurance ou autres frais, et de payer les sommes dues pour mêmes causes, si elles n'ont pas été acquittées.

580. La revendication ne pourra être exercée que sur les marchandises qui seront reconnues être identiquement les mêmes, et que lorsqu'il sera reconnu que les balles, barriques ou enveloppes dans lesquelles elles se trouvaient lors de la vente, n'ont pas été ouvertes, que les cordes ou marques n'ont été ni enlevées ni changées, et que les marchandises n'ont subi en nature et quantité ni changement ni altération.

581. Pourront être revendiquées, aussi long-temps qu'elles existeront en nature, en tout ou en partie, les marchandises consignées au failli, à titre de dépôt, ou pour être vendues pour le compte de l'envoyeur : dans ce dernier cas même, le prix desdites marchandises pourra être revendiqué, s'il n'a pas été payé ou passé en compte courant entre le failli et l'acheteur. [Co. 593, n° 5.]

582. Dans tous les cas de revendication, excepté ceux de dépôt et de consignation de marchandises, les syndics des créanciers auront la faculté de retenir les marchandises revendiquées, en payant au réclamant le prix convenu entre lui et le failli.

583. Les remises en effets de commerce, ou en tous autres effets non encore échus, ou échus et non encore payés, et qui se trouveront en nature dans le porte-feuille du failli à l'époque de sa faillite, pourront être revendiquées, si ces remises ont été faites par le propriétaire avec le simple mandat d'en faire le recouvrement et d'en garder la valeur à sa disposition, ou si elles ont reçu de sa part la destination spéciale de servir au paiement d'acceptations ou de billets tirés au domicile du failli.

584. La revendication aura pareillement lieu pour les remises faites sans acceptation ni disposition, si elles sont entrées dans un compte courant par lequel le propriétaire ne serait que créditeur; mais elle cessera d'avoir lieu, si, à l'époque des remises, il était débiteur d'une somme quelconque.

585. Dans les cas où la loi permet la revendication, les syndics examineront les demandes; ils pourront les admettre, sauf l'approbation du commissaire : s'il y a contestation, le tribunal prononcera, après avoir entendu le commissaire.

TITRE QUATRIÈME.

Des Banqueroutes.

CHAPITRE I. — *De la Banqueroute simple.*

586. Sera poursuivi comme banqueroutier simple, et pourra être déclaré tel, le commerçant failli qui se trouvera dans l'un ou plusieurs des cas suivants; savoir :

1° Si les dépenses de sa maison, qu'il est tenu d'inscrire mois par mois sur son livre-journal, sont jugées excessives;

2° S'il est reconnu qu'il a consommé de fortes sommes au jeu, ou à des opérations de pur hasard;

3° S'il résulte de son dernier inventaire que son actif étant de cinquante pour cent au-dessous de son passif, il a fait des emprunts considérables, et s'il a revendu des marchandises à perte ou au-dessous du cours;

4° S'il a donné des signatures de crédit ou de circulation pour une somme triple de son actif, selon son dernier inventaire. [Co. 89, 600. — P. 402.]

587. Pourra être poursuivi comme banqueroutier simple, et être déclaré tel,

Le failli qui n'aura pas fait au greffe la déclaration prescrite par l'art. 440;

Celui qui, s'étant absenté, ne se sera pas présenté en personne aux agents et aux syndics dans les délais fixés, et sans empêchement légitime;

Celui qui présentera des livres irrégulièrement tenus, sans néanmoins que les irrégularités indiquent de fraude, ou qui ne les présentera pas tous; [Co. 8, 594.]

Celui qui, ayant une société, ne se sera pas conformé à l'art. 440.

588. Les cas de banqueroute simple seront jugés par les tribunaux de police correctionnelle, sur la demande des syndics ou sur celle de tout créancier du failli, ou sur la poursuite d'office qui sera faite par le ministère public.

589. Les frais de poursuite en banqueroute simple seront supportés par la masse, dans le cas où la demande aura été introduite par les syndics de la faillite. [Co. 528. — I. 194.]

590. Dans le cas où la poursuite aura été intentée par un créancier, il supportera les frais, si le prévenu est déchargé;

lesdits frais seront supportés par la masse, s'il est condamné. [I. 194.]

591. Les procureurs du Roi sont tenus d'interjeter appel de tous jugements des tribunaux de police correctionnelle, lorsque dans le cours de l'instruction, ils auront reconnu que la prévention de banqueroute simple est de nature à être convertie en prévention de banqueroute frauduleuse. [I. 202, 205.]

592. Le tribunal de police correctionnelle, en déclarant qu'il y a banqueroute simple, devra, suivant l'exigence des cas, prononcer l'emprisonnement pour un mois au moins, et deux ans au plus.

Les jugements seront affichés en outre, et insérés dans un journal, conformément à l'art. 683 du Code de procédure civile. [Co. 613. — P. 402.]

CHAP. II. — *De la Banqueroute frauduleuse.*

593. Sera déclaré banqueroutier frauduleux tout commerçant failli qui se trouvera dans un ou plusieurs des cas suivants; savoir :

1° S'il a supposé des dépenses ou des pertes, ou ne justifie pas de l'emploi de toutes ses recettes;

2° S'il a détourné aucune somme d'argent, aucune dette active, aucunes marchandises, denrées ou effets mobiliers;

3° S'il a fait des ventes, négociations ou donations supposées;

4° S'il a supposé des dettes passives et collusoires entre lui et des créanciers fictifs, en faisant des écritures simulées, ou en se constituant débiteur, sans cause ni valeur, par des actes publics ou par des engagements sous signature privée;

5° Si, ayant été chargé d'un mandat spécial, ou constitué dépositaire d'argent, d'effets de commerce, de denrées ou marchandises, il a, au préjudice du mandat ou du dépôt, appliqué à son profit les fonds ou la valeur des objets sur lesquels portait soit le mandat, soit le dépôt; [C. 1987.]

6° S'il a acheté des immeubles ou des effets mobiliers à la faveur d'un prête-nom;

7° S'il a caché ses livres. [Co. 14, 463, 597, 600. — P. 402.]

594. Pourra être poursuivi comme banqueroutier frauduleux, et être déclaré tel,

Le failli qui n'a pas tenu de livres, ou dont les livres ne présenteront pas sa véritable situation active et passive;

Celui qui, ayant obtenu un sauf-conduit, ne se sera pas représenté à justice. [Co. 8, 468, 516, 587.]

595. Les cas de banqueroute frauduleuse seront poursuivis d'office devant les cours d'assises, par les procureurs du Roi et leurs substituts, sur la notoriété publique, ou sur la dénonciation soit des syndics, soit d'un créancier. [I. 63 s. 274.]

596. Lorsque le prévenu aura été atteint et déclaré coupable des délits énoncés dans les articles précédents, il sera puni des peines portées au Code pénal pour la banqueroute frauduleuse. [Co. 599, 612. — P. 402.]

597. Seront déclarés complices des banqueroutiers frauduleux et seront condamnés aux mêmes peines que l'accusé, les individus qui seront convaincus de s'être entendus avec le banqueroutier pour recéler ou soustraire tout ou partie de ses biens meubles ou immeubles, d'avoir acquis sur lui des créances fausses, et qui, à la vérification et affirmation de leurs créances, auront persévéré à les faire valoir comme sincères et véritables. [Co. 555, 600. — P. 59, 403.]

598. Le même jugement qui aura prononcé les peines contre les complices de banqueroutes frauduleuses, les condamnera,

1° A réintégrer à la masse des créanciers, les biens, droits et actions frauduleusement soustraits;

2° A payer, envers ladite masse, des dommages-intérêts égaux à la somme dont ils ont tenté de la frauder.

599. Les arrêts des cours d'assises contre les banqueroutiers et leurs complices seront affichés, et de plus insérés dans un journal, conformément à l'art. 683 du Code de procédure civile. [Co. 612.]

CHAP. III. — *De l'Administration des Biens en cas de Banqueroute.*

600. Dans tous les cas de poursuites et de condamnations en banqueroute simple ou en banqueroute frauduleuse, les actions civiles, autres que celles dont il est parlé dans l'art. 598, resteront séparées; et toutes les dispositions relatives aux biens, prescrites pour la faillite, seront exécutées sans qu'elles puissent être attirées, attribuées ni évoquées aux tribunaux de police correctionnelle ni aux cours d'assises.

601. Seront cependant tenus les syndics de la faillite, de remettre aux procureurs du Roi et à leurs substituts, toutes les pièces, titres, papiers et renseignements qui leur seront demandés.

602. Les pièces, titres et papiers délivrés par les syndics, seront, pendant le cours de l'instruction, tenus en état de communication par la voie du greffe ; cette communication aura lieu sur la réquisition des syndics, qui pourront y prendre des extraits privés ou en requérir d'officiels qui leur seront expédiés par le greffier.

603. Lesdites pièces, titres et papiers, seront, après le jugement, remis aux syndics, qui en donneront décharge ; sauf néanmoins les pièces dont le jugement ordonnerait le dépôt judiciaire.

TITRE CINQUIÈME.

De la Réhabilitation.

604. Toute demande en réhabilitation, de la part du failli, sera adressée à la cour royale dans le ressort de laquelle il sera domicilié. [Co. 83, 526, 531, 612 s. — I. 619 s.]

605. Le demandeur sera tenu de joindre à sa pétition les quittances et autres pièces justifiant qu'il a acquitté intégralement toutes les sommes par lui dues en principal, intérêts et frais.

606. Le procureur général près la cour royale, sur la communication qui lui aura été faite de la requête, en adressera des expéditions, certifiées de lui, au procureur du Roi près le tribunal d'arrondissement, et au président du tribunal de commerce du domicile du pétitionnaire, et, s'il a changé de domicile depuis la faillite, au tribunal de commerce dans l'arrondissement duquel elle a eu lieu, en les chargeant de recueillir tous les renseignements qui seront à leur portée, sur la vérité des faits qui auront été exposés.

607. A cet effet, à la diligence tant du procureur du Roi que du président du tribunal de commerce, copie de ladite pétition restera affichée, pendant un délai de deux mois, tant dans les salles d'audience de chaque tribunal, qu'à la bourse et à la maison commune, et sera insérée par extrait dans les papiers publics.

608. Tout créancier qui n'aura pas été payé intégralement de sa créance en principal, intérêts et frais, et toute autre partie intéressée, pourront, pendant la durée de l'affiche, former opposition à la réhabilitation, par simple acte au greffe, appuyé des pièces justificatives, s'il y a lieu. Le créancier opposant ne pourra jamais être partie dans la procédure tenue pour la réhabilitation, sans préjudice toutefois de ses autres droits.

609. Après l'expiration des deux mois, le procureur du Roi et le président du tribunal de commerce transmettront, chacun séparément, au procureur général près la cour royale, les renseignements qu'ils auront recueillis, les oppositions qui auront pu être formées, et les connaissances particulières qu'ils auraient sur la conduite du failli; ils y joindront leur avis sur sa demande.

610. Le procureur général près la cour royale fera rendre, sur le tout, arrêt portant admission ou rejet de la demande en réhabilitation; si la demande est rejetée, elle ne pourra plus être reproduite.

611. L'arrêt portant réhabilitation sera adressé tant au procureur du Roi qu'au président des tribunaux auxquels la demande aura été adressée. Ces tribunaux en feront faire la lecture publique et la transcription sur leurs registres.

612. Ne seront point admis à la réhabilitation, les stellionataires, les banqueroutiers frauduleux, les personnes condamnées pour fait de vol ou d'escroquerie, ni les personnes comptables, telles que les tuteurs, administrateurs ou dépositaires, qui n'auront pas rendu ou apuré leurs comptes. [Co. 575, 596. — C. 1945, 2059. — P. 379 s.]

613. Pourra être admis à la réhabilitation le banqueroutier simple qui aura subi le jugement par lequel il aura été condamné. [Co. 592. — P. 402.]

614. Nul commerçant failli ne pourra se présenter à la bourse, à moins qu'il n'ait obtenu sa réhabilitation. [Co. 71.]

LIVRE QUATRIÈME.

DE LA JURIDICTION COMMERCIALE.

(Décrété le 14 septembre 1807. Promulgué le 24.)

TITRE PREMIER.

De l'Organisation des Tribunaux de commerce.

615. Un réglement d'administration publique déterminera le nombre des tribunaux de commerce, et les villes qui seront susceptibles d'en recevoir par l'étendue de leur commerce et de leur industrie. [Co. 640 s.]

616. L'arrondissement de chaque tribunal de commerce sera le même que celui du tribunal civil dans le ressort duquel il sera placé; et s'il se trouve plusieurs tribunaux de commerce dans le ressort d'un seul tribunal civil, il leur sera assigné des arrondissements particuliers.

617. Chaque tribunal de commerce sera composé d'un juge-président, de juges et de suppléants. Le nombre des juges ne pourra pas être au-dessous de deux, ni au-dessus de huit, non compris le président. Le nombre des suppléants sera proportionné au besoin du service. Le réglement d'administration publique fixera, pour chaque tribunal, le nombre des juges et celui des suppléants.

618. Les membres des tribunaux de commerce seront élus dans une assemblée composée de commerçants notables, et principalement des chefs des maisons les plus anciennes et les plus recommandables par la probité, l'esprit d'ordre et d'économie. [Co. 1 s.]

619. La liste des notables sera dressée, sur tous les commerçants de l'arrondissement, par le préfet, et approuvée par le ministre de l'intérieur : leur nombre ne peut être au-dessous de vingt-cinq dans les villes où la population n'excède pas quinze mille âmes; dans les autres villes, il doit être augmenté à raison d'un électeur pour mille âmes de population.

620. Tout commerçant pourra être nommé juge ou suppléant, s'il est âgé de trente ans, s'il exerce le commerce avec honneur et distinction depuis cinq ans. Le président devra être âgé de quarante ans, et ne pourra être choisi que parmi les anciens juges, y compris ceux qui ont exercé dans les tribunaux actuels, et même les anciens juges-consuls des marchands.

621. L'élection sera faite au scrutin individuel, à la pluralité absolue des suffrages; et lorsqu'il s'agira d'élire le président, l'objet spécial de cette élection sera annoncé avant d'aller au scrutin.

622. A la première élection, le président et la moitié des juges et des suppléants dont le tribunal sera composé, seront nommés pour deux ans; la seconde moitié des juges et des suppléants sera nommée pour un an : aux élections postérieures, toutes les nominations seront faites pour deux ans.

623. Le président et les juges ne pourront rester plus de deux ans en place, ni être réélus qu'après un an d'intervalle.

624. Il y aura près de chaque tribunal un greffier et des huissiers nommés par le Roi : leurs droits, vacations et devoirs, seront fixés par un réglement d'administration publique.

625. Il sera établi, pour la ville de Paris seulement, des gardes du commerce pour l'exécution des jugements emportant la contrainte par corps : la forme de leur organisation et leurs attributions seront déterminées par un réglement particulier.

626. Les jugements, dans les tribunaux de commerce, seront rendus par trois juges au moins; aucun suppléant ne pourra être appelé que pour compléter ce nombre.

627. Le ministère des avoués est interdit dans les tribunaux de commerce, conformément à l'art. 414 du Code de procédure civile; nul ne pourra plaider pour une partie devant ces tribunaux, si la partie, présente à l'audience, ne l'autorise, ou s'il n'est muni d'un pouvoir spécial. Ce pouvoir, qui pourra être donné au bas de l'original ou de la copie de l'assignation, sera exhibé au greffier avant l'appel de la cause, et par lui visé sans frais.

628. Les fonctions des juges de commerce sont seulement honorifiques.

629. Ils prêtent serment avant d'entrer en fonctions, à l'audience de la cour royale, lorsqu'elle siége dans l'arrondissement communal où le tribunal de commerce est établi : dans le cas contraire, la cour royale commet, si les juges de commerce le demandent, le tribunal civil de l'arrondissement pour recevoir leur serment; et, dans ce cas, le tribunal en dresse procès-verbal, et l'envoie à la cour royale, qui en ordonne l'insertion dans ses registres. Ces formalités sont remplies sur les conclusions du ministère public, et sans frais.

630. Les tribunaux de commerce sont dans les attributions et sous la surveillance du ministre de la justice.

TITRE DEUXIÈME.

De la Compétence des Tribunaux de commerce.

631. Les tribunaux de commerce connaîtront,

1° De toutes contestations relatives aux engagements et transactions entre négociants, marchands et banquiers;

2° Entre toutes personnes, des contestations relatives aux actes de commerce. [Co. 1 s.]

632. La loi répute actes de commerce,

Tout achat de denrées et marchandises pour les revendre, soit en nature, soit après les avoir travaillées et mises en œuvre, ou même pour en louer simplement l'usage;

Toute entreprise de manufactures, de commission, de transport par terre ou par eau;

Toute entreprise de fournitures, d'agences, bureaux d'affaires, établissements de ventes à l'encan, de spectacles publics;

Toute opération de change, banque et courtage;

Toutes les opérations des banques publiques;

Toutes obligations entre négociants, marchands et banquiers;

Entre toutes personnes, les lettres de change, ou remises d'argent faites de place en place. [Co. 636 s. 638.]

633. La loi répute pareillement actes de commerce,

Toute entreprise de construction, et tous achats, ventes et reventes de bâtiments pour la navigation intérieure et extérieure;

Toutes expéditions maritimes;

Tout achat ou vente d'agrès, apparaux et avitaillements;

Tout affrétement ou nolissement, emprunt ou prêt à la grosse; toutes assurances et autres contrats concernant le commerce de mer; [Co. 273 s. 286 s. 311 s. 332 s.]

Tous accords et conventions pour salaires et loyers d'équipages;

Tous engagements de gens de mer, pour le service de bâtiments de commerce. [Co. 190 s. 221 s. 250 s.]

634. Les tribunaux de commerce connaîtront également,

1° Des actions contre les facteurs, commis des marchands ou leurs serviteurs, pour le fait seulement du trafic du marchand auquel ils sont attachés;

2° Des billets faits par les receveurs, payeurs, percepteurs ou autres comptables des deniers publics. [Co. 636.]

635. Ils connaîtront enfin,

1° Du dépôt du bilan et des registres du commerçant en faillite, de l'affirmation et de la vérification des créances; [Co. 470 s. 501 s.]

2° Des oppositions au concordat, lorsque les moyens de l'opposant seront fondés sur des actes ou opérations dont la connaissance est attribuée par la loi aux juges des tribunaux de commerce;

Dans tous les autres cas, ces oppositions seront jugées par les tribunaux civils;

En conséquence, toute opposition au concordat contiendra les moyens de l'opposant, à peine de nullité; [Co. 519 s. 523 s.]

3° De l'homologation du traité entre le failli et ses créanciers; [Co. 524 s.]

4° De la cession de biens faite par le failli, pour la partie qui en est attribuée aux tribunaux de commerce par l'art. 901 du Code de procédure civile. [Co. 566 s.]

636. Lorsque les lettres de change ne seront réputées que simples promesses aux termes de l'art. 112, ou lorsque les billets à ordre ne porteront que des signatures d'individus non négociants, et n'auront pas pour occasion des opérations de commerce, trafic, change, banque ou courtage, le tribunal de commerce sera tenu de renvoyer au tribunal civil, s'il en est requis par le défendeur. [Co. 1 s. 187, 632 s. 634.]

637. Lorsque ces lettres de change et ces billets à ordre porteront en même temps des signatures d'individus négociants et d'individus non négociants, le tribunal de commerce en connaîtra; mais il ne pourra prononcer la contrainte par corps contre les individus non négociants, à moins qu'ils ne se soient engagés à l'occasion d'opérations de commerce, trafic, change, banque ou courtage. [Co. 1, 632, 634.]

638. Ne seront point de la compétence des tribunaux de commerce, les actions intentées contre un propriétaire, cultivateur ou vigneron, pour vente de denrées provenant de son crû, les actions intentées contre un commerçant, pour paiement de denrées et marchandises achetées pour son usage particulier.

Néanmoins les billets souscrits par un commerçant seront censés faits pour son commerce, et ceux des receveurs, payeurs, percepteurs ou autres comptables de deniers publics, seront censés faits pour leur gestion, lorsqu'une autre cause n'y sera point énoncée. [Co. 1 s. 632, 634, 636.]

639. Les tribunaux de commerce jugeront en dernier ressort,

1° Toutes les demandes dont le principal n'excèdera pas la valeur de mille francs;

2° Toutes celles où les parties justiciables de ces tribunaux, et usant de leurs droits, auront déclaré vouloir être jugées définitivement et sans appel.

640. Dans les arrondissements où il n'y aura pas de tribunaux de commerce, les juges du tribunal civil exerceront les fonctions et connaîtront des matières attribuées aux juges de commerce par la présente loi.

641. L'instruction, dans ce cas, aura lieu dans la même forme que devant les tribunaux de commerce, et les jugements produiront les mêmes effets. [Pr. 414.]

TITRE TROISIÈME.

De la Forme de procéder devant les Tribunaux de commerce.

642. La forme de procéder devant les tribunaux de commerce sera suivie telle qu'elle a été réglée par le titre XXV du livre II de la première partie du Code de procédure civile. [Pr. 414.]

643. Néanmoins les art. 156, 158 et 159 du même Code, relatifs aux jugements par défaut rendus par les tribunaux inférieurs, seront applicables aux jugements par défaut rendus par les tribunaux de commerce.

644. Les appels des jugements des tribunaux de commerce seront portés par-devant les cours dans le ressort desquelles ces tribunaux sont situés.

TITRE QUATRIÈME.

De la Forme de procéder devant les Cours royales.

645. Le délai pour interjeter appel des jugements des tribunaux de commerce sera de trois mois, à compter du jour de la signification du jugement, pour ceux qui auront été rendus contradictoirement, et du jour de l'expiration du délai de l'opposition, pour ceux qui auront été rendus par défaut : l'appel pourra être interjeté le jour même du jugement.

646. L'appel ne sera pas reçu lorsque le principal n'excèdera pas la somme ou la valeur de mille francs, encore que le jugement n'énonce pas qu'il est rendu en dernier ressort, et même quand il énoncerait qu'il est rendu à la charge de l'appel. [Co. 639.—Pr. 453.]

647. Les cours royales ne pourront, en aucun cas, à peine de nullité, et même des dommages et intérêts des parties, s'il y a lieu, accorder des défenses ni surseoir à l'exécution des jugements des tribunaux de commerce, quand même ils seraient attaqués d'incompétence ; mais elles pourront, suivant l'exigence des cas, accorder la permission de citer extraordinairement à jour et heure fixes, pour plaider sur l'appel. [Pr. 460.]

648. Les appels des jugements des tribunaux de commerce seront instruits et jugés dans les cours, comme appels de jugements rendus en matière sommaire. La procédure, jusques et y compris l'arrêt définitif, sera conforme à celle qui est prescrite, pour les causes d'appel en matière civile, au livre III de la première partie du Code de procédure civile. [Pr. 443 s. 463 s.] (1).

(1) LOI

QUI FIXE L'ÉPOQUE A LAQUELLE LE CODE DE COMMERCE SERA EXÉCUTOIRE.

(Décrétée le 15 septembre 1807. Promulguée le 25.)

Art. 1er. Les dispositions du Code de commerce ne seront exécutées qu'à compter du 1er janvier 1808.

2. A dater dudit jour, 1er janvier 1808, toutes les anciennes lois touchant les matières commerciales sur lesquelles il est statué par ledit Code, sont abrogées.

FIN DU CODE DE COMMERCE.

LOIS

SUR LA CONTRAINTE PAR CORPS

EN MATIÈRE CIVILE ET EN MATIÈRE DE COMMERCE.

(Loi du 24 ventôse an 5. — 24 mars 1797.)

Art. 1er. La loi du 9 mars 1793, qui abroge la contrainte par corps en matière civile, est rapportée.

2. Les obligations qui seront contractées postérieurement à la promulgation de la présente loi, et pour le défaut de l'acquittement desquelles les lois antérieures prononçaient la contrainte par corps, y seront assujetties comme par le passé.

(Loi du 15 germinal an 6. — 4 avril 1798.)

TITRE I.

DE LA CONTRAINTE PAR CORPS EN MATIÈRE CIVILE.

Art. 1er. La contrainte par corps ne peut être prononcée qu'en vertu d'une loi formelle.

2. Toute stipulation de contrainte par corps énoncée dans des actes, contrats et transactions quelconques, toute condamnation volontaire qui prononcerait cette peine hors les cas où la loi l'a permis, sont essentiellement nulles.

3. La contrainte par corps aura lieu pour versement de deniers publics et nationaux, stellionat, dépôt nécessaire, consignation par ordonnance de justice ou entre les mains de personnes publiques, et représentation de biens par les séquestres, commissaires et gardiens.

4. Les juges pourront aussi la prononcer contre tout fermier de biens ruraux, faute de représentation, à la fin de son bail, du cheptel de bétail, des semences, des charrues et outils aratoires qui lui seront confiés pour l'exploitation à lui affermée, à moins qu'il ne justifie que le déficit de ces objets ou de quelques-uns d'eux ne procède pas de son fait, et qu'il n'a rien détourné au préjudice du propriétaire.

5. La contrainte par corps ne peut être décernée, en matière civile, contre les septuagénaires, les mineurs, les femmes et les filles, si ce n'est pour stellionat procédant de leur fait.

6. Tout jugement rendu en contravention aux articles précédents, emportera nullité, et donnera lieu à prise à partie, dépens, dommages et intérêts contre les juges qui le prononceraient.

TITRE II.

DE LA CONTRAINTE PAR CORPS EN MATIÈRE DE COMMERCE.

Art. 1er. A dater de la publication de la présente loi, la contrainte par corps aura lieu dans toute l'étendue de la république française.

1° Contre les banquiers, agents de change, courtiers, facteurs ou commissionnaires dont la profession est de faire vendre ou acheter les marchandises moyennant rétribution, pour la restitution de ces marchandises, ou du prix qu'ils en toucheront;

2° De marchand à marchand, pour fait de marchandises dont ils se mêlent respectivement;

3° Contre tous négociants ou marchands qui signeront des billets pour valeur reçue comptant ou en marchandises, soit qu'ils doivent être payés sur l'acquit d'un particulier y nommé, ou à son ordre, ou au porteur;

4° Contre toutes personnes qui signeront des lettres ou billets de change, celles qui y mettront leur aval, qui promettront d'en fournir avec remise de place en place, et qui feront des promesses pour lettres de change à elles fournies ou qui devront l'être.

2. Sont exceptés des dispositions énoncées au paragraphe 4 de l'article précédent, les femmes, les filles et les mineurs non commerçants.

3. Les femmes et les filles qui seront marchandes publiques, ou celles mariées qui feront un commerce distinct et séparé de celui de leurs maris, seront soumises à la contrainte par corps pour le fait de leur commerce quand elles seraient mineures, mais seulement pour exécution d'engagements de marchand à marchand, et à raison des marchandises dont les parties feront respectivement négoce.

Cette disposition est applicable aux négociants, banquiers, agents de change, courtiers, facteurs et commissionnaires, quoique mineurs, à raison de leur commerce.

4. La contrainte par corps aura lieu également pour l'exécution de tous contrats maritimes, tels que grosses aventures, chartes-parties, assurances, engagements ou loyers de gens de mer, ventes et achats de vaisseaux, pour le fret et le halage, et autres concernant le commerce et la pêche de la mer.

TITRE III.

DU MODE D'EXÉCUTION DES JUGEMENTS EMPORTANT CONTRAINTE PAR CORPS.

Art. 1er. Tous jugements emportant contrainte par corps, pourront, s'ils sont définitifs, être exécutés nonobstant l'appel, en donnant caution.

2. Les jugements emportant contrainte par corps seront mis à exécution par tout huissier qui aura le droit d'instrumenter dans le ressort du département où résidera la personne contre laquelle ils seront exécutés; et dans le département de la Seine, concurremment avec tout individu qui a ci-devant exercé les fonctions de garde de commerce; à la charge par ces derniers de se faire enregistrer au greffe du tribunal de commerce du même département.

Ces agents sont, dans ce cas, autorisés à requérir, conformément aux lois sur sa disposition, la force armée, qui ne pourra leur être refusée, à peine de responsabilité des fonctionnaires publics auxquels ils s'adresseront à cet effet.

3. Nulle contrainte par corps ne pourra être exercée contre aucun individu, qu'elle n'ait été précédée de la notification au contraignable, visée par le juge de paix du canton où s'exerce la contrainte, 1° du titre qui a servi de base à la condamnation, s'il en existe un; 2° des jugements prononcés contre le contraignable, s'il en est intervenu plusieurs contre lui pour le fait de la contrainte; 3° d'un commandement au contraignable de satisfaire à l'objet de la contrainte; 4° qu'il ne se soit écoulé au moins une décade entre le commandement et l'exécution.

Cette suspension n'aura pas lieu à l'égard du débiteur qui aurait joui d'un délai semblable ou plus long pour s'acquitter, en vertu du jugement qu'on voudrait exécuter contre lui; l'exécution pourra être faite dans ce cas vingt-quatre heures après la signification du jugement dans la forme ci-dessus énoncée, à personne ou à domicile du condamné, avec commandement d'y satisfaire.

4. Aucun jugement de contrainte par corps ne pourra être mis à exécution, 1° avant le lever et après le coucher du soleil; 2° les jours de décadi; 3° pendant la durée de ceux indiqués par la loi pour la célébration des fêtes républicaines; 4° pendant le temps des assemblées primaires; 5° contre aucun électeur durant le cours des assemblées électorales, ainsi que pendant les trois jours qui auront précédé leur tenue, et les trois jours qui l'auront suivie; 6° en aucun temps, dans un lieu public destiné aux cultes, dans l'enceinte du Corps législatif, du Directoire exécutif, d'un tribunal ou d'une administration publique quelconque.

5. Hors les cas et les lieux ci-dessus indiqués, la contrainte par corps peut être mise à exécution partout et même à domicile, en se conformant à l'art. 359 de la constitution.

6. Toute exécution faite en contravention aux articles précédents, emportera nullité, et donnera lieu à des dommages-intérêts vers la partie lésée.

7. La contrainte par corps ne préjudicie à l'exercice d'aucun autre moyen légal assuré au créancier pour recouvrer sa dette, tel que la saisie-exécution, réelle ou autre, des biens de son débiteur.

8. Aucune condamnation par corps, en matière civile ou de commerce, ne peut être exécutée contre un individu, si, appelé comme témoin en matière civile, de police ou criminelle, il est porteur d'un sauf-conduit du président du tribunal, du directeur du jury, ou du juge de paix devant lequel il doit paraître.

Le sauf-conduit sera motivé dans ce cas, et règlera la durée de son effet, à peine de nullité.

9. Il sera laissé à toute personne incarcérée copie de son écrou, ainsi que du jugement en vertu duquel l'incarcération aura eu lieu, à peine de nullité.

10. Tout individu à la requête duquel se fait un emprisonnement, est tenu, sous la même peine, d'élire domicile dans le lieu de la maison d'arrêt où est détenu son débiteur.

11. Les formalités ci-dessus prescrites à l'égard du créancier à la requête duquel on fait une incarcération, doivent être observées par celui qui recommande l'incarcéré, à peine de nullité.

12. La nullité d'un emprisonnement emporte celle de tous écrous et recommandations qui en sont la suite : mais cette nullité ne peut être prononcée qu'avec tous les recommandataires, parties présentes ou dûment appelées.

13. Toute personne incarcérée qui pourra établir par la représentation du procès-verbal de son écrou, que l'une des formalités ci-dessus indiquées n'a pas été observée, obtiendra son élargissement, sur une simple requête adressée à cet effet au tribunal civil de département dans le ressort duquel le jugement de contrainte aura été exécuté.

La requête sera préalablement communiquée au commissaire du pouvoir exécutif, et notifiée aux créanciers poursuivants et recommandataires.

Si cette demande en élargissement donnait lieu à un incident, la connaissance en serait attribuée au tribunal qui aurait connu de la requête.

14. Le créancier qui aura fait emprisonner son débiteur, sera tenu de consigner d'avance et par chaque mois, la somme de vingt livres, entre les mains du gardien de la maison d'arrêt, pour la subsistance de l'incarcéré; sinon, ce dernier obtiendra son élargissement, sur la représentation du certificat du gardien que la somme destinée à pourvoir aux aliments du détenu n'a point été consignée, et dans la forme prescrite par l'article précédent.

Tout débiteur ainsi élargi ne pourra plus être incarcéré pour la même dette.

15. Si le débiteur est recommandé par un créancier autre que celui à la requête duquel s'est fait l'emprisonnement, il sera tenu de contribuer à l'acquit des aliments du détenu, du jour de sa recommandation.

Le contingent de la contribution pour ces aliments se partage par égales portions entre les différents créanciers d'un détenu.

Néanmoins celui qui aura fait exécuter un emprisonnement, sera personnellement tenu d'effectuer la consignation prescrite par l'article 14 ci-dessus, sauf son recours contre les autres créanciers, à peine de nullité de l'écrou.

16. L'énonciation faite dans le procès-verbal de l'huissier, que le prisonnier a refusé des aliments, ne sera d'aucune considération, si son refus n'est confirmé par sa déclaration inscrite sur le registre de la maison d'arrêt.

17. Le détenu qui aura refusé de recevoir des aliments, pourra changer de volonté par une simple sommation faite au créancier de lui en fournir; et dans le cas où celui-ci refuserait d'y satisfaire, ou n'y satisferait pas dans les trois jours de la sommation, le détenu sera fondé à provoquer, conformément à l'article 14, son élargissement qui ne pourra lui être refusé.

Néanmoins tout créancier qui a fait incarcérer ou recommander un débiteur, peut, nonobstant le refus de celui-ci de recevoir des aliments de son créancier, en consigner le montant pour un mois, conformément à l'article 14 ci-dessus.

18. Toute personne légalement incarcérée pourra obtenir son élargissement,

1° Par le consentement authentique du créancier ou des créanciers qui l'ont fait incarcérer;

2° Par le paiement ou la consignation légale des sommes pour lesquelles on l'a constituée prisonnière ou recommandée, et des frais d'exécution;

3° Par le paiement du tiers de la dette, et une caution pour le surplus, consentie par le créancier, ou régulièrement reçue par le tribunal qui a rendu le jugement d'exécution;

4° Par le bénéfice de cession;

5° Par la réunion des trois quarts des créances en sommes, pourvu que les créanciers ne soient que chirographaires;

6° De plein droit par le laps de cinq années consécutives de détention.

19. Tous réglements, lois et ordonnances précédemment rendus sur l'exercice de la contrainte par corps en matière civile et de commerce, sont abrogés.

LOI

RELATIVE A LA CONTRAINTE PAR CORPS POUR ENGAGEMENTS DE COMMERCE ENTRE LES FRANÇAIS ET LES ÉTRANGERS.

(Du 4 floréal an 6.)

Art. 1er. Tout étranger résidant en France, y est soumis à la contrainte par corps pour tous engagements qu'il contractera dans toute l'étendue de la république avec des Français, s'il n'y possède pas des propriétés foncières ou un établissement de commerce.

2. S'il y possède des propriétés foncières ou un établissement de commerce, il ne sera contraignable par corps pour l'exécution des engagements énoncés au précédent article, que dans les cas où les Français peuvent être contraints par cette voie, pour des stipulations de même nature.

3. La contrainte par corps aura lieu contre lui pour tous engagements qu'il contractera en pays étrangers, et dont l'exécution réclamée en France emportait la contrainte par corps dans le lieu où ils auront été formés.

4. Tout Français qui s'est soumis à la contrainte par corps en pays étrangers pour un engagement qu'il y a contracté, y est également contraignable en France.

5. Tout jugement rendu dans les cas ci-dessus mentionnés, ne pourra être exécuté qu'en conformité du titre III de la loi générale sur la contrainte par corps.

LOI

RELATIVE A LA CONTRAINTE PAR CORPS CONTRE LES ÉTRANGERS NON DOMICILIÉS EN FRANCE.

(Du 10 septembre 1807.)

Art. 1er. Tout jugement de condamnation qui interviendra au profit d'un Français contre un étranger non domicilié en France, emportera la contrainte par corps.

2. Avant le jugement de condamnation, mais après l'échéance ou l'exigibilité de la dette, le président du tribunal de première instance dans l'arrondissement duquel se trouvera l'étranger non domicilié, pourra, s'il y a de suffisants motifs, ordonner son arrestation provisoire sur la requête du créancier français.

3. L'arrestation provisoire n'aura pas lieu, ou cessera, si l'étranger justifie qu'il possède sur le territoire français un établissement de commerce ou des immeubles, le tout d'une valeur suffisante pour assurer le paiement de la dette, ou s'il fournit pour caution une personne domiciliée en France et reconnue valable.

ARRÊTÉ

DU 25 THERMIDOR AN II, CONTENANT LE TABLEAU DES DISTANCES DE PARIS AUX CHEFS-LIEUX DES DÉPARTEMENTS.

Art. 1er. Le tableau ci-joint, des distances de Paris à tous les chefs-lieux des départements, évaluées en kilomètres, en myriamètres et lieues anciennes, sera inséré au Bulletin des Lois, pour servir de régulateur et d'indicateur du jour où, conformément à l'article 1er du Code civil, la promulgation de chaque loi est réputée connue dans chacun des départements de la France.

2. Le ministre de la justice est chargé, etc.

NOMS DES DÉPARTEMENTS.	NOMS DES CHEFS-LIEUX.	DISTANCES EN Kilomèt.	DISTANCES EN Myriam. m	k	DISTANCES EN Lieues ancienn. l.	c.
A.						
Ain	Bourg	432	43	2	86	2
Aisne	Laon	127	12	7	25	2
Allier	Moulins	289	28	9	57	4
Alpes (Basses)	Digne	755	75	5	151	»
Alpes (Hautes)	Gap	665	66	5	133	»
Ardèche	Privas	606	60	6	121	1
Ardennes	Mézières	234	23	4	46	4
Ariége	Foix	752	75	2	150	2
Aube	Troyes	159	15	9	31	4
Aude	Carcassonne	765	76	5	153	»
Aveyron	Rhodez	692	69	2	138	2
B.						
Bouches-du-Rhône	Marseille	813	81	3	162	3
C.						
Calvados	Caen	263	26	3	52	3
Cantal	Aurillac	539	53	9	107	4
Charente	Angoulême	454	45	4	90	4
Charente-Infér.	Saintes	484	48	4	96	4
Cher	Bourges	233	23	3	46	3
Corrèze	Tulle	461	46	1	92	1
Corse	Ajaccio	873	87	3	174	3
Côte-d'Or	Dijon	305	30	5	61	»
Côtes-du-Nord	St.-Brieux	446	44	6	89	1
Creuse	Guéret	428	42	8	85	3
D.						
Dordogne	Périgueux	472	47	2	94	2
Doubs	Besançon	396	39	6	79	1
Drôme	Valence	560	56	»	112	»
E.						
Eure	Évreux	104	10	4	20	4
Eure-et-Loir	Chartres	92	9	2	18	2
F.						
Finistère	Quimper	623	62	3	124	3
G.						
Gard	Nîmes	702	70	2	140	2
Garonne (Haute)	Toulouse	669	66	9	133	4
Gers	Auch	743	74	3	148	3
Gironde	Bordeaux	573	57	3	114	3
H.						
Hérault	Montpellier	752	75	2	150	2
I.						
Ille-et-Vilaine	Rennes	346	34	6	69	1
Indre	Châteauroux	259	25	9	51	4

NOMS DES		DISTANCES EN					
DÉPARTEMENTS.	CHEFS-LIEUX.	Kilomèt.	Myriam.		Lieues ancienn.		
			m	k	l.	c.	
Indre-et-Loire.	Tours	242	24	2	48	2	
Isère	Grenoble	568	56	8	113	3	
J.							
Jura	Lons-le-Saulnier	411	41	1	82	1	
L.							
Landes	Mont-de-Marsan.	702	70	2	140	2	
Loir-et-Cher.	Blois	181	18	1	36	1	
Loire.	Montbrison.	444	44	4	88	3	
Loire (Hante).	Le Puy.	505	50	5	101	»	
Loire-Inférieure.	Nantes	389	38	9	77	4	
Loiret	Orléans.	123	12	3	24	3	
Lot.	Cahors	558	55	8	111	3	
Lot-et-Garonne	Agen	714	71	4	142	3	
Lozère	Mende	566	56	6	113	1	
M.							
Maine-et-Loire	Angers	300	30	»	60	»	
Manche.	Saint-Lô	326	32	6	65	1	
Marne	Châlons.	164	16	4	32	4	
Marne (Haute)	Chaumont.	247	24	7	49	2	
Mayenne	Laval.	281	28	1	56	1	
Meurthe	Nanci.	334	33	4	66	4	
Meuse	Bar-sur-Ornain.	251	25	1	50	1	
Morbihan.	Vannes	500	50	»	100	»	
Moselle.	Metz	308	30	8	61	3	
N.							
Nièvre	Nevers	236	23	6	47	1	
Nord	Lille	236	23	6	47	1	
O.							
Oise	Beauvais	88	8	8	17	3	
Orne.	Alençon.	191	19	1	38	1	
P.							
Pas-de-Calais	Arras.	193	19	3	38	3	
Puy-de-Dôme	Clermont.	384	38	4	76	4	
Pyrénées (Basses).	Pau.	781	78	1	156	1	
Pyrénées (Hautes).	Tarbes	815	81	5	163	»	
Pyrénées Orient.	Perpignan.	888	88	8	177	3	
R.							
Rhin (Bas)	Strasbourg.	464	46	4	92	4	
Rhin (Haut).	Colmar.	481	48	1	96	1	
Rhône.	Lyon.	466	46	6	93	1	
S.							
Saône (Haute).	Vesoul	354	35	4	70	4	
Saône-et-Loire	Mâcon	399	39	9	79	4	
Sarthe	Le Mans	211	21	1	42	1	
Seine	Paris	»	»	»	»	»	
Seine-Inférieure.	Rouen	137	13	7	27	2	
Seine-et-Marne	Melun	46	4	6	9	1	
Seine-et-Oise	Versailles.	21	2	1	4	1	
Sèvres (Deux).	Niort.	416	41	6	83	1	
Somme	Amiens.	128	12	8	25	3	
T.							
Tarn	Albi	657	65	7	131	2	
Tarn-et-Garonne.	Montauban.	700	70	»	140	»	
V.							
Var	Draguignan.	890	89	»	178	»	
Vaucluse.	Avignon	707	70	7	141	2	
Vendée	Fontenay.	447	44	7	89	2	
Vienne	Poitiers.	343	34	3	68	3	
Vienne (Haute).	Limoges	380	38	»	76	»	
Vosges	Epinal	381	38	1	76	1	
Y.							
Yonne	Auxerre	168	16	8	33	3	

RAPPORT

DU NOUVEAU SYSTÈME DES POIDS ET MESURES AVEC LE SYSTÈME ANCIEN.

NOMENCLATURE DES NOUVELLES MESURES.

RAPPORT des mesures de chaque espèce avec leurs mesures principales.		première partie du nom qui indique le rapport à la mesure principale.	MESURES PRINCIPALES				
en lettres.	en chiffres.		de longueur.	de capacité.	de poids.	agraire.	pour le bois de chauffage.
dix mille.	10,000	myriam.					
mille.	1,000	kilom.					
cent.	100	hectom.					
dix.	10	décam.					
un.	1		mètre.	litre.	gramme.	are.	stère.
dixième.	0,1	décim.					
centième.	0,01	centim.					
millième.	0,001	millim.					
Rapport des mesures principales entre elles, et avec la grandeur du méridien.			dix millionnième partie de la distance du pôle à l'équateur.	un décimètre cube.	poids d'un décimètre cube d'eau distillée.	cent mètres carrés.	un mètre cube.

Le mètre vaut 3 pieds 11 lignes 296 millièmes de ligne.

DIMENSIONS EXACTES DE LA TERRE.

Le rayon de l'équateur est de	3,271,208	toises.
Le demi-axe ou la distance du centre au pôle de	3,261,443	*id.*
La distance du pôle à l'équateur de.	5,130,740	*id.*
Le degré terrestre vaut.	57,008	*id.*
L'arc terrestre d'une minute est de.	950	*id.*

Le franc a été formé sur une pièce d'argent du poids de cinq grammes, et alliée de un dixième de cuivre.

PREMIER TABLEAU.

TOISES EN MÈTRES, ET MÈTRES EN TOISES.

LIGNES, POUCES, PIEDS, TOISES, EN MÈTRES ET MILLIMÈTRES.						MÈTRES EN TOISES, ETC.				
lignes. pouces. pieds.	mèt.	mil.	toises.	mèt.	mil.	mètres.	to.	pi.	po.	lig.
1 ligne.	»	002	4	7	796	1	»	3	0	11
2	»	005	5	9	745	2	1	0	1	11
3	»	007	6	11	694	3	1	3	2	10
4	»	009	7	13	643	4	2	0	3	9
5	»	011	8	15	592	5	2	3	4	8
6	»	014	9	17	541	6	3	0	5	8
7	»	016	10	19	490	7	3	3	6	7
8	»	018	11	21	439	8	4	0	6	7
9	»	020	12	23	388	9	4	3	8	6
10	»	023	13	25	337	10	5	0	9	5
11	»	025	14	27	287	11	5	3	10	4
1 pouce.	»	027	15	29	236	12	6	0	11	4
2	»	054	20	38	981	13	6	4	0	3
3	»	081	25	48	726	14	7	1	1	2
4	»	108	30	58	471	15	7	4	2	1
5	»	135	35	68	216	20	10	1	6	10
6	»	162	40	77	961	25	12	4	11	6
7	»	189	45	87	707	30	15	2	4	3
8	»	217	50	97	452	35	17	5	9	0
9	»	244	60	116	942	40	20	3	1	8
10	»	271	70	136	433	45	23	0	6	4
11	»	298	80	155	923	50	25	3	11	1
1 pied.	»	325	90	175	413	60	30	4	8	6
2	»	650	100	194	904	70	35	5	5	11
3	»	975	200	389	807	80	41	0	3	4
4	1	299	300	584	711	90	46	1	0	9
5	1	624	400	779	615	100	51	1	10	2
1 toise.	1	949	500	974	518	500	256	3	2	8
2	3	898	1000	1949	036	1000	513	0	5	4
3	5	847	2000	3898	073	2000	1026	0	10	8

DEUXIÈME TABLEAU.

AUNES EN MÈTRES, ET MÈTRES EN AUNES.

CONVERSION DE L'AUNE EN MÈTRES.					DU MÈTRE EN AUNES.	
aunes.	mèt.	cent.	part. de l'aune.	centim.	mètres.	aunes.
1	1	19	1 seizième.	7	1	0 84
2	2	38	2 ou 1/8.	15	2	1 68
3	3	57	3	22	3	2 52
4	4	75	4 ou 1/4.	30	4	3 37
5	5	94	5	37	5	4 21
6	7	13	6 ou 3/8.	45	6	5 05
7	8	32	7	52	7	5 89
8	9	51	8 ou 1/2.	59	8	6 73
9	10	70	9	67	9	7 57
10	11	88	10 ou 3/8.	74	10	8 41
11	13	07	11	82	11	9 26
12	14	26	12 ou 3/4.	89	12	10 10
13	15	45	13	97	13	10 94
14	16	64	14 ou 7/8.	104	14	11 78
15	17	83	15	111	15	12 62
20	23	77	1 douzième.	10	20	16 83
25	29	71	2 ou 1/6.	20	25	21 04
30	35	65	3 ou 1/4.	30	30	25 24
35	41	60	4 ou 1/3.	40	35	29 45
40	47	54	5	50	40	33 66
45	53	48	6 ou 1/2.	59	45	37 86
50	59	42	7	69	50	42 07
60	71	31	8 ou 2/3.	79	60	50 49
70	83	19	9 ou 3/4.	89	70	58 90
80	95	08	10 ou 5/6.	99	80	67 31
90	106	96	11	109	90	75 73
100	118	84	L'aune a		100	84 14
200	237	69	3 pi. 7 po. 10 lig. 5/6.		200	168 29
300	356	53	Le mètre		300	252 43
500	594	22	3 pi. 0 11 lig. 296.		500	420 72
1000	1188	45	L'aune a 7 po. de plus.		1000	841 44

TROISIÈME TABLEAU.

MYRIAMÈTRES EN LIEUES, ET LIEUES EN MYRIAMÈTRES.

LIEUES RÉDUITES EN MYRIAMÈTRES.				MYRIAMÈTRES RÉDUITS EN LIEUES.			
lieues.	de 2000 toises.	de 25 au degré.	de 20 au degré.	myriamètres.	LIEUES.		
	myriam.	myriam.	myriam.		de 2000 t.	de 25 au degré.	de 20 au degré.
1	» 39	» 44	» 56	1	2 57	2 25	1 80
2	» 78	» 89	1 11	2	5 13	4 50	3 60
3	1 17	1 33	1 67	3	7 70	6 75	5 40
4	1 56	1 78	2 22	4	10 26	9 »	7 20
5	1 95	2 22	2 78	5	12 83	11 25	9 »
6	2 34	2 67	3 33	6	15 39	13 50	10 80
7	2 73	3 11	3 89	7	17 96	15 75	12 60
8	3 12	3 56	4 44	8	20 52	18 »	14 40
9	3 51	4 »	5 »	9	23 09	20 25	16 20
10	3 90	4 44	5 56	10	25 65	22 50	18 »
11	4 29	4 89	6 11	11	28 22	24 75	19 80
12	4 62	5 33	6 67	12	30 79	27 »	21 60
13	5 07	5 78	7 22	13	33 35	29 25	23 40
14	5 46	6 22	7 78	14	35 92	31 50	25 20
15	5 85	6 67	8 33	15	38 48	33 75	27 »
20	7 80	8 49	11 11	20	51 31	45 »	36 »
25	9 75	11 11	13 89	25	64 14	56 25	45 »
30	11 69	13 33	16 67	30	76 96	69 75	54 »
35	13 64	15 56	19 44	35	89 79	78 75	63 »
40	15 59	17 78	22 22	40	102 61	90 »	72 »
45	17 54	20 »	25 »	45	115 44	101 25	81 »
50	19 49	22 22	27 78	50	128 27	112 50	90 »
60	23 39	26 67	33 33	60	153 93	135 »	108 »
70	27 29	31 11	38 89	70	179 58	157 50	126 »
80	31 18	35 56	44 44	80	205 23	180 »	144 »
90	35 08	40 »	50 »	90	230 89	202 50	162 »
100	38 98	44 44	55 56	100	256 54	225 »	180 »
200	77 96	88 89	111 11	200	513 07	450 »	360 »
300	116 94	133 33	166 67	300	769 62	675 »	540 »
500	194 90	222 22	277 78	500	1282 69	1125 »	900 »
1000	389 80	444 44	555 56	1000	2565 37	2250 »	1800 »

QUATRIÈME TABLEAU.

ARPENTS RÉDUITS EN HECTARES.

ARPENTS
RÉDUITS EN HECTARES, ETC.

arpents.	de 22 pieds par perche.			de 20 pieds par perche.			de 18 pieds par perche.		
	hect.	ares.	cent.	hect.	ares.	cent.	hect.	ares.	cent.
1	0	51	07	0	42	21	0	34	19
2	1	02	14	0	84	42	0	68	38
3	1	53	22	1	26	62	1	02	57
4	2	04	29	1	68	83	1	36	75
5	2	55	36	2	11	04	1	70	94
6	3	06	43	2	53	25	2	05	13
7	3	57	50	2	95	46	2	39	32
8	4	08	58	3	37	67	2	73	51
9	4	59	65	3	79	87	3	07	70
10	5	10	72	4	22	08	3	41	89
11	5	61	79	4	64	29	3	76	07
12	6	12	86	5	06	50	4	10	26
13	6	63	94	5	48	71	4	44	45
14	7	15	01	5	90	92	4	78	64
15	7	66	08	6	33	12	5	12	83
20	10	21	44	8	44	17	6	83	77
25	12	76	80	10	55	21	8	54	72
30	15	32	16	12	66	25	10	25	66
35	17	87	52	14	77	29	11	96	60
40	20	42	88	16	88	33	13	67	55
45	22	98	24	18	99	37	15	38	49
50	25	53	60	21	10	41	17	09	43
60	30	64	32	25	32	50	20	51	32
70	35	75	04	29	54	58	23	93	31
80	40	85	76	33	76	66	27	35	09
90	45	96	48	37	98	74	30	76	98
100	51	07	20	42	20	83	34	18	87
200	102	14	40	84	41	66	68	37	74
300	153	21	60	126	62	49	102	56	61
400	204	28	80	168	83	32	136	75	48
500	255	36	»	211	04	15	170	94	35
1000	510	72	»	422	08	30	341	98	70

CINQUIÈME TABLEAU.

HECTARES RÉDUITS EN ARPENTS.

hectares.	HECTARES, ETC., REDUITS EN ARPENTS. de 22 pieds par perche. arp.	perch.	10e.	de 20 pieds par perche. arp.	perch.	10e.	de 18 pieds par perche. arp.	perch.	10e.
1	1	95	8/10	2	36	9/10	2	92	5/10
2	3	91	6	4	73	8	5	85	»
3	5	87	4	7	10	8	8	77	5
4	7	83	2	9	47	7	11	70	»
5	9	79	»	11	84	6	14	62	5
6	11	74	8	14	21	5	17	55	»
7	13	70	6	16	58	4	20	47	5
8	15	66	4	18	95	4	23	40	»
9	17	62	2	21	32	3	26	32	4
10	19	58	»	23	69	2	29	24	9
11	21	53	8	26	06	1	32	17	4
12	23	49	6	28	43	»	35	09	9
13	25	45	4	30	80	»	38	02	4
14	27	41	2	33	16	9	40	94	9
15	29	37	»	35	53	8	43	87	4
20	39	16	»	47	38	4	58	49	9
25	48	95	1	59	23	»	73	12	4
30	58	74	1	71	07	6	87	74	8
35	68	53	1	82	92	2	102	37	3
40	78	32	1	94	76	8	116	99	8
45	88	11	1	106	61	4	131	62	2
50	97	90	1	118	46	»	146	27	4
60	117	48	1	142	15	2	175	49	7
70	137	06	1	165	84	4	204	74	6
80	156	64	2	189	53	6	233	99	5
90	176	22	2	213	22	8	263	24	5
100	195	80	2	236	92	»	292	49	4
200	391	60	4	473	84	»	584	98	9
300	587	40	6	710	76	»	777	48	2
400	783	20	8	947	68	»	1169	97	8
500	979	01	»	1184	60	»	1462	47	»
1000	1958	02	1	2369	20	»	2924	94	»

SIXIÈME TABLEAU.

LIVRES EN KILOGRAMMES, ET KILOGRAMMES EN LIVRES.

GRAINS, GROS, ONCES, LIVRES, RÉDUITS EN KILOGRAMMES.				KILOGRAMMES EN GRAINS, GROS, ETC.				
grains. gros. onces.	kilogram.	livres.	kilogram.	kilogram.	livres.	onces.	gros.	grains.
1 grain.	0,000053	1	0,489	1 gram.	»	»	»	18
2	0,000106	2	0,979	2	»	»	»	37
3	0,000159	3	1,468	3	»	»	»	56
4	0,000212	4	1,958	4	»	»	1	3
5	0,000265	5	2,447	5	»	»	1	22
6	0,000318	6	2,937	1 déca.	»	»	2	44
12	0,000636	7	3,426	2	»	»	5	16
24	0,001272	8	3,916	3	»	»	7	60
36	0,001908	9	4,405	4	»	1	2	33
1 gros.	0,003824	10	4,895	5	»	1	5	5
2	0,007648	11	5,384	1 hect.	»	3	2	10
3	0,011472	12	5,873	2	»	6	4	21
4	0,015296	13	6,362	3	»	9	6	32
5	0,019120	14	6,851	4	»	13	»	42
6	0,022944	15	7,342	5	1	»	2	53
7	0,026768	20	9,789	1 kil.	2	»	5	35
1 once.	0,030590	25	12,236	2	4	1	2	70
2	0,061190	30	14,683	3	6	2	»	33
3	0,091780	35	17,130	4	8	2	5	68
4	0,122130	40	19,577	5	10	3	3	31
5	0,152970	45	22,024	6	12	4	»	67
6	0,183560	50	24,471	7	14	4	6	30
7	0,214160	60	29,366	8	16	5	3	65
8	0,244750	70	34,261	9	18	6	1	28
9	0,275350	80	39,156	10	20	6	6	63
10	0,305940	90	44,051	50	102	2	2	29
11	0,336530	100	48,950	100	204	4	4	59
12	0,367120	200	97,900	200	408	9	1	46
13	0,397710	300	146,850	300	612	13	6	33
14	0,428300	400	195,800	400	816	2	3	20
15	0,458890	500	244,750	500	1021	7	»	7
16	0,489480	1000	489,500	1000	2042	14	»	14

SEPTIÈME TABLEAU.

PINTES EN LITRES, ET LITRES EN PINTES.

CONVERSION DES PINTES EN LITRES.			DES LITRES EN PINTES.		
pintes.	litres.		litres.	pintes.	
1	»	93	1	1	07
2	1	86	2	2	15
3	2	79	3	3	22
4	3	73	4	4	29
5	4	66	5	5	37
6	5	59	6	6	44
7	6	52	7	7	52
8	7	45	8	8	59
9	8	38	9	9	66
10	9	31	10	10	74
11	10	24	11	11	81
12	11	18	12	12	88
13	12	11	13	13	96
14	13	04	14	15	03
15	13	97	15	16	11
20	18	63	20	21	47
25	23	28	25	26	84
30	27	94	30	32	21
35	32	60	35	37	58
40	37	25	40	42	95
45	41	91	45	48	32
50	46	56	50	53	68
60	55	88	60	64	42
70	65	19	70	75	16
80	74	50	80	85	90
90	83	82	90	96	63
100	93	13	100	107	37
200	186	26	200	214	74
300	279	39	300	322	11
400	372	52	400	429	48
500	465	65	500	536	85
1000	931	30	1000	1073	70

HUITIÈME TABLEAU.

CORDES EN STÈRES, ET STÈRES EN CORDES.

CONVERSION DE LA CORDE EN STÈRE.		DU STÈRE EN CORDE.	
cordes.	stères.	stères.	cordes.
1	3 839	1	» 2605
2	7 678	2	» 5209
3	11 517	3	» 7814
4	15 356	4	1 0418
5	19 195	5	1 3023
6	23 034	6	1 5628
7	26 873	7	1 8232
8	30 712	8	2 0837
9	34 551	9	2 3441
10	38 390	10	2 6046
11	42 229	11	2 8651
12	46 068	12	3 1255
13	49 908	13	3 3860
14	53 747	14	3 6465
15	57 586	15	3 9069
20	76 781	20	5 2092
25	95 976	25	6 5115
30	115 171	30	7 8138
35	134 366	35	9 1161
40	153 562	40	10 4184
45	172 757	45	11 7207
50	191 952	50	13 0231
60	230 342	60	15 6277
70	268 733	70	18 2323
80	307 123	80	20 8369
90	345 514	90	23 4415
100	383 904	100	26 0461
200	767 808	200	52 0932
300	1151 712	300	78 1383
400	1535 616	400	104 1844
500	1919 520	500	130 2305
1000	3839 040	1000	260 4610

LOI

RELATIVE AUX TRANSACTIONS PASSÉES ENTRE PARTICULIERS PENDANT LA DURÉE DE LA DÉPRÉCIATION DU PAPIER-MONNAIE.

(Du 5 messidor an 5.)

Le conseil des Anciens, adoptant les motifs de la déclaration d'urgence qui précède la résolution ci-après, approuve l'acte d'urgence.

Suit la teneur de la déclaration d'urgence et de la résolution du 30 germinal.

Le conseil des Cinq-Cents, ouï le rapport fait au nom d'une commission spéciale sur les transactions entre particuliers :

Considérant que, pour parvenir à donner des règles sur les transactions passées pendant la durée de la dépréciation du papier, il est indispensable de fixer sans délai cette même dépréciation à ses différentes époques,

Déclare qu'il y a urgence.

Le conseil, après avoir déclaré l'urgence, prend la résolution suivante :

Art. 1er. Lorsqu'il y aura lieu de réduire en numéraire métallique la valeur nominale d'une obligation, la réduction sera faite eu égard à la valeur d'opinion du papier-monnaie, au moment du contrat, dans le département où il aura été fait.

2. Pour régler la valeur d'opinion du papier-monnaie, il sera fait dans chaque département un tableau des valeurs successives de ce papier, à partir du 1er janvier 1791 (*vieux style*), pour les pays renfermés dans l'ancien territoire de la France ; et, pour ceux réunis par différentes lois, ainsi que pour l'île de Corse et les colonies, à partir de l'introduction dans ces pays, du papier-monnaie.

3. L'époque à laquelle a cessé la circulation forcée du papier-monnaie valeur nominale, est et demeure fixée au jour de la publication de la loi du 29 messidor an 4.

4. Pour former le tableau prescrit par l'art. 2, il sera envoyé à chaque administration centrale, avec la présente, un extrait des notes tenues à la Trésorerie nationale, du cours du papier-monnaie ; ces notes seront combinées avec celles qui pourraient avoir été tenues dans des places de commerce du département, et avec la valeur qu'auront eue les immeubles, les denrées et les marchandises, dans leur libre cours, aux époques correspondantes avec ces notes.

5. L'administration centrale, pour procéder à ce tableau, s'adjoindra quinze citoyens des plus éclairés dans ce genre d'affaire; elle le fera imprimer, et l'enverra aux tribunaux du département et au Directoire exécutif, lequel formera de tous les tableaux une collection qu'il transmettra pareillement aux tribunaux.

6. Il sera procédé à ce tableau dans un mois, à compter de la publication de la présente ; et, en cas qu'une administration centrale n'eût pas envoyé son tableau dans le délai ci-dessus aux tribunaux du département, ils prendront pour règle dans leurs jugements, jusqu'à ce qu'ils l'aient reçu, celui du département le plus voisin, que le commissaire du Directoire exécutif sera tenu de se procurer et de présenter.

7. La présente résolution sera imprimée.

COURS DES ASSIGNATS*,

DEPUIS LEUR CRÉATION JUSQU'AU 1er GERMINAL AN 4.

Pour 100 *liv. assignats.*

1789.	l.	1791.	l.	1793.	l.
Août et Septembre.	98	Novembre.	82	Août.	22
Octobre.	97	Décembre.	77	Septembre.	27
Novembre.	96	1792.		Octobre.	28
Décembre.	95	Janvier.	72	Novembre.	33
1790.		Février.	61	Décembre.	48
Janvier.	96	Mars.	59	1794.	
Février.	95	Avril.	68	Janvier.	40
Mars, Avril et Mai.	94	Mai.	58	Février.	41
Juin et Juillet.	95	Juin.	57	Mars et Avril.	36
Août.	92	Juillet et Août.	61	Mai.	34
Septembre et Octob.	91	Septembre.	72	Juin.	30
Novembre.	90	Octobre.	71	Juillet.	34
Décembre.	92	Novembre.	73	Août.	31
1791.		Décembre.	72	Septembre et Octobre.	28
Janvier et Février.	91	1793.		Novembre.	24
Mars.	90	Janvier.	51	Décembre.	20
Avril.	89	Février.	52	1795.	
Mai et Juin.	85	Mars.	51	Janvier.	18
Juillet.	87	Avril.	43	Février.	17
Août.	79	Mai.	52	Mars, 20 prem. j.	14
Septembre.	82	Juin.	36		
Octobre.	84	Juillet.	23		

AN 3.

Pour 24 *liv. numéraire.*

GERM.		GERM.		GERM.		GERM.		GERM.		GERM.	
	l.		l.		l.		l.		l.		l.
1	204	4	186	6	200	8	204	11	227	14	220
3	200	5	200	7	201	9	224	12	238	15	206

* Ces cours ont été établis :

1° Depuis *août* 1789 à *juin* 1791, d'après des notes particulières ;

2° Depuis *juillet* 1791 à *décembre* 1792, d'après les achats de numéraire faits par la Trésorerie ;

3° Depuis *janvier* 1793 à *février* 1794, d'après les négociations de papier faites à la Trésorerie ;

4° Depuis *mars* 1794 au 13 *floréal* an 3, d'après des notes particulières ;

5° Du 14 *floréal* an 3 au 21 *vendémiaire* an 4, d'après les cours donnés par des banquiers nommés par le comité de salut public ;

6° Du 22 *vendémiaire* an 4 au 30 *ventôse* an 4, d'après les certificats fournis par les agents de change nommés à cet effet.

GERM.	l.
16	185
17	180
18	195
19	221
21	198
22	191
23	205
24	212
25	204
26	198
27	217
28	217
29	218
FLOR.	
1	229
2	238
3	239
4	242
5	238
6	238
7	256
8	275
9	275
11	292

FLOR.	l.
12	299
13	328
14	336
15	329
16	324
17	335
18	357
19	363
21	390
22	393
23	390
24	390
25	346
26	360
27	380
28	387
29	399
PRAIR.	
9	415
11	417
12	427
13	439
14	445
15	474
16	496

PRAIR.	l.
17	577
18	566
19	580
21	637
22	690
23	760
24	810
25	876
26	853
27	686
28	795
29	811
MESS.	
1	893
2	870
3	830
4	837
5	661
6	723
7	829
8	758
11	788
12	750
14	808
15	745

MESS.	l.
16	700
17	690
18	710
19	750
21	730
22	735
24	730
25	717
26	685
27	700
28	750
29	762
THERM.	
1	755
2	775
3	796
5	787
6	820
7	836
8	827
9	823
11	823
13	805
14	807

THERM.	l.
15	803
16	804
17	782
18	784
19	790
21	804
22	787
23	805
24	821
25	828
26	835
27	830
28	832
29	850
FRUCT.	
1	882
2	900
3	938
4	964
5	932
6	913
7	939
8	974
9	976

FRUCT.	l.
11	1050
12	1059
13	1101
14	1021
15	1101
16	1082
17	1122
18	1117
19	1110
21	1153
22	1177
23	1237
24	1201
25	1171
26	1113
27	1122
28	1161
29	1143
J. compl.	
1	1169
2	1150
3	1135
4	1156
6	1193

AN 4.

Pour 14 liv. numéraire.

VENDÉM.	l.
1	1200
2	1165
3	1135
4	1140
5	1145
6	1180
7	1200
8	1200
9	1205
11	1240
12	1240
15	1185
16	1190
17	1180
18	1235
19	1300

VENDÉM.	l.
21	1380
22	1420
23	1560
24	1726
25	1705
26	1620
27	1691
28	1696
29	1670
BRUM.	
1	1685
2	1817
3	1832
4	1973

BRUM.	l.
5	2376
6	2671
7	3287
8	3302
9	2580
11	2588
12	2761
13	3125
14	3083
15	3039
16	3080
17	3067
18	3222
19	3320
21	3212
22	3053

BRUM.	l.
23	2818
24	3096
25	3110
26	3020
27	3045
28	3152
29	3305
FRIM.	
1	3395
2	3280
3	3238
4	3046
5	3083
6	3202
7	3358

FRIM.	l.
8	3520
9	3430
11	3575
12	3764
13	4000
14	4059
15	4355
16	4890
17	5053
18	4960
19	4021
21	3283
22	3857
25	4216
26	4300
27	4900

FRIM.	l.
28	5071
29	4975
NIV.	
1	5520
3	5462
4	4666
5	5530
6	5850
7	5262
8	5225
9	4875
11	4658
12	4656
13	4375
14	4908

NIV.		NIV.		PLUV.		PLUV.		PLUV.		VENT.	
	l.		l.		l.		l.		l.		l.
15	5745	25	5090	4	5198	14	5480	24	6220	2	7843
16	5350	26	5214	5	5337	15	5445	25	6487	3	8137
17	5491	27	5290	6	5287	16	5496	26	6610	4	7250
18	5639	28	5388	7	5263	17	5601	27	6864	17	7200
19	5595	29	5320	8	5200	18	5603	28	6727	19	6600
21	5559	PLUV.		9	5291	19	5884	29	6450	21	6900
22	5266			11	5243	21	6025	VENT.		22	6850
23	4950	2	5472	12	5337	22	6430			26	6704
24	5200	3	5204	13	5544	23	6143	1	7011	27	6101

COURS DES PROMESSES DE MANDATS

DEPUIS LE 1er GERMINAL AN 4 JUSQU'AU 5 NIVÔSE AN 5.

Pour 100 *liv. mandats.*

GERM. AN 4.	l.	s.	d.
1	17	»	»
2	17	10	»
3	18	»	»
4	18	5	»
5	17	»	»
6	18	10	»
7	17	»	»
8	17	»	»
9	17	10	»
11	16	15	»
12	17	»	»
13	18	10	»
14	16	»	»
15	15	10	»
16	21	10	»
17	20	17	6
18	20	»	»
19	20	2	6
21	19	5	»
22	18	»	»
23	18	10	»
24	20	»	»
25	20	»	»
26	19	15	»
27	18	2	»
28	17	7	6
29	16	»	»
FLOR.			
1	16	»	»
2	15	10	»
3	15	»	»

FLOR.	l.	s.	d.
4	15	»	»
5	14	10	»
6	14	10	»
7	14	15	»
8	14	5	»
9	13	10	»
10	12	1	3
11	12	1	3
12	12	»	»
13	12	»	»
14	12	»	»
15	13	10	»
16	13	»	»
17	13	10	»
18	12	15	»
19	12	15	»
21	12	10	»
22	12	10	»
23	12	5	»
24	12	2	6
25	12	»	»
27	12	1	3
28	12	»	»
29	12	»	»
PRAIR.			
1	12	1	3
3	12	»	»
4	10	5	»
5	10	2	»
6	8	16	3
7	7	10	»

PRAIR.	l.	s.	d.
8	7	»	»
9	7	2	6
11	7	1	3
12	7	2	6
13	6	16	3
14	6	15	»
15	5	»	»
16	3	17	6
17	4	»	»
18	4	12	6
19	5	7	6
21	6	10	»
22	7	18	9
23	8	17	6
24	8	10	»
25	9	15	»
26	8	17	6
27	8	10	»
28	8	2	6
29	8	5	»
MESS.			
1	7	17	6
2	7	15	»
3	7	10	»
4	6	15	»
5	6	10	»
6	6	1	3
7	6	7	6
8	7	5	»
9	7	12	6
11	7	5	»

MESS.	l.	s.	d.
12	7	10	»
13	7	5	»
14	6	18	9
15	7	5	»
16	7	5	»
17	7	7	6
18	7	»	»
19	6	18	9
21	6	17	6
22	6	11	3
23	6	16	3
24	6	16	3
25	6	10	»
26	5	18	9
27	5	11	3
28	5	7	6
29	5	2	6
THERM.			
1	5	1	3
2	4	15	»
3	4	»	»
4	4	»	»
5	4	10	»
6	5	5	»
7	4	»	»
8	3	12	6
11	3	10	»
12	3	6	»
13	3	»	»
14	2	4	»
15	2	5	»

THERM.

	l.	s.	d.
16	2	8	»
17	2	12	»
18	2	13	»
19	2	6	»
21	1	14	»
22	1	10	»
24	2	4	6
25	2	3	»
26	1	18	6
27	2	7	»
28	3	8	»
29	3	8	»
30	2	16	»

FRUCT.

	l.	s.	d.
1	3	4	»
2	3	6	»
3	2	18	»
4	2	15	»
5	2	12	»
6	2	13	»
7	2	12	»
8	2	17	»
9	2	13	»
10	2	10	»
11	2	9	»
12	2	12	»
13	2	16	4
14	2	14	6
15	2	16	»
16	3	6	»
17	3	17	6
18	3	6	»
19	3	7	»
20	3	16	»
21	3	19	»
22	5	5	7
23	7	»	»
24	5	13	7
25	4	19	4
26	5	16	3
27	5	9	7
28	5	1	»
29	4	10	»
30	4	3	»

J. compl.

	l.	s.	d.
1	4	18	6
2	4	17	7
3	4	18	4
4	5	19	»
5	4	15	»

VEND.

	l.	s.	d.
1	4	8	»
2	4	8	4
3	3	19	»
4	3	16	7
5	3	11	6
6	3	18	»
7	3	18	9
8	3	9	7
9	3	15	»
10	3	16	2
11	3	17	»
12	4	15	4
13	4	15	4
13	4	1	9
15	4	3	9
16	4	2	1
17	3	18	7
18	4	3	8
19	4	5	»
20	4	1	7
21	3	19	2
22	4	1	6
23	4	3	5
24	4	5	4
26	4	2	»
26	4	2	»
27	4	4	7
28	4	4	8
29	4	3	»
30	4	2	6

BRUM.

	l.	s.	d.
1	4	3	8
2	4	5	6
3	4	5	»
4	4	5	3
5	4	10	6
6	4	8	10
7	4	4	8
8	4	2	6
9	4	4	6
10	4	1	10
11	4	4	10
12	4	3	10
13	4	5	4
14	4	6	8
15	4	7	2
16	4	6	»
17	4	6	8
18	4	6	10
19	4	»	4
20	3	14	»
21	3	10	8
22	3	9	10
23	2	18	7
24	2	17	4
25	2	17	10
26	2	17	7
27	3	4	1
28	3	5	»
29	3	4	»
30	3	1	»

FRIM.

	l.	s.	d.
1	2	17	6
2	2	16	»
3	2	15	9
4	2	11	1
5	2	7	6
6	2	8	11
7	2	10	2
8	2	13	8
9	2	12	9
10	2	12	9
11	2	14	8
12	2	17	6
13	3	4	6
14	2	17	3
15	2	12	6
16	2	14	6
17	2	11	9
18	2	10	4
19	2	10	5
20	2	11	9
21	2	11	10
22	2	11	1
23	2	10	»
24	2	8	11
25	2	7	»
26	2	8	2
27	2	10	2
28	2	10	3
29	2	8	9
30	2	8	9

NIV.

	l.	s.	d.
1	2	7	3
2	1	5	10
3	2	3	5
4	2	3	2
5	2	2	3

Ces cours ont été établis,

1° Depuis le 1er *germinal* au 1er *thermidor* an 4, d'après des notes particulières;

2° Depuis le 1er *thermidor* an 4 au 5 *nivôse* an 5, d'après les certificats de l'agence des négociations de la Trésorerie.

Nota. Le cours des jours qui sont omis dans ce tableau est toujours le même que celui du jour précédent.

CONCORDANCE

DU CALENDRIER RÉPUBLICAIN ET DU CALENDRIER GRÉGORIEN.

1er DU MOIS.	AN II.	AN IV.	AN V.	AN VIII.	AN XII.	AN XIII.	AN XIV.
	1793	1795	1796	1799	1803	1804	1805
Vendémiaire.	Sept. 22	23	22	23	24	23	»
Brumaire.	Oct. 22	23	22	23	24	23	»
Frimaire.	Nov. 21	22	21	22	23	22	»
Nivôse.	Déc. 21	22	21	22	23	22	»
	1794	1796	1797	1800	1804	1805	1806
Pluviôse.	Janv. 20	21	20	21	22	22	»
Ventôse.	Fév. 19	20	19	20	21	21	»
Germinal.	Mars. 21	»	»	22	»	»	»
Floréal.	Avril. 20	»	»	21	»	»	»
Prairial.	Mai. 20	»	»	21	»	»	»
Messidor.	Juin. 19	»	»	20	»	»	»
Thermidor.	Juillet. 19	»	»	20	»	»	»
Fructidor.	Août. 18	»	»	19	»	»	»
Complémtaire.	Sept. 17	»	»	18	»	»	»

1er DU MOIS.	1794 AN II.	1795 AN III.	1796 AN IV.	1797 AN V.	1799 AN VII.	1800 AN VIII.	1803 AN XI.	1804 AN XII.	1805 AN XIII.
Janv.	Nivôse. 12	»	11	12	»	11	»	10	11
Fév.	Pluviôse. 13	»	12	13	»	12	»	11	12
Mars.	Ventôse. 11	»	»	»	»	10	»	»	»
Avril.	Germ. 12	»	»	»	»	11	»	»	»
Mai.	Floréal. 12	»	»	»	»	11	»	»	»
Juin.	Prairial. 13	»	»	»	»	12	»	»	»
Juillet.	Messid. 13	»	»	»	»	12	»	»	»
Août.	Therm. 14	»	»	»	»	13	»	»	»
Sept.	Fruct. 15	»	»	»	»	14	»	»	»
	AN III.	AN IV.	AN V.	AN VI.	AN VIII.	AN IX.	AN XII.	AN XIII.	AN XIV.
Octob.	Vend. 10	9	10	»	9	»	8	9	»
Nov.	Brum. 11	10	11	»	10	»	9	10	»
Déc.	Frim. 11	10	11	»	10	»	9	10	»

FIN.

TABLE GÉNÉRALE

DES MATIÈRES

CONTENUES DANS LE CODE DE COMMERCE.

Nota. Les chiffres renvoient aux articles du Code; les lettres *Pag.* à la page du livre; la lettre *S* après le numéro d'un article indique les articles suivants.

A.

de vente de bâtiments de mer, 203. — Formalités pour ces affiches, 204 s. — Lieux où l'on fait afficher les demandes en réhabilitation, et durée de l'affiche, 607.

Affirmation. On peut exiger celle des personnes présumées débitrices sur leur libération, même après la prescription des lettres de change, etc., 189. — La libération qui est prise lorsqu'on se trouve obligé de jeter des marchandises en mer, doit être affirmée, 412. — On doit aussi affirmer ses créances sur un failli, 507. — Celles qui n'ont pas été affirmées, ne sont pas comprises dans la répartition, 513.

Affrétement. Quels courtiers et conducteurs font le courtage des affrétements, 80. — Frais dont l'affréteur profite ou qu'il est tenu de payer, 287, 288 et 294. — V. *Chartes-parties*, *Dommages-intérêts*.

Agents. La loi reconnaît des agents intermédiaires pour les actes de commerce, 74. — V. *Agents de change*, *Courtiers*.

Agents de change. Ils sont avec les courtiers, les agents intermédiaires du commerce, 74. — Où il y en a, et par qui ils sont nommés, 75. — Leurs fonctions et leurs obligations, 76 s. — En cas de faillite, ils sont poursuivis comme banqueroutiers, 89. — V. *Banque*, *Cumul*.

Agents d'une faillite. Leur nomination, 454. — Entre quelles personnes le tribunal de commerce les choisit, 456. — Indemnités à eux dues quand on ne les a point choisis parmi les créanciers, 483 s. — Actes conservatoires qu'ils sont tenus de faire, 499.

Agrès. A quels paiments sont affectés les agrès et les apparaux d'un navire, 280 et 320. — V. *Loyers*, *Prêt*, *Primes*.

Aliénation. Autorisation nécessaire aux mineurs pour aliéner ou hypothéquer leurs immeubles, 6. — Formalités pour les aliénations de la part des marchandes publiques, 7. — Droits et actions pour l'aliénation desquels l'union des créanciers peut être autorisée par le tribunal, 563.

Amarrages. — V. *Droits*.

Amendes. Contraventions qui donnent lieu à une condamnation d'amende contre les agents de change et les courtiers, 87. — V. *Notaires*.

Ancrage. Droit non réputé avarie, 406.

Ancres. Avis que doit prendre le capitaine lorsqu'il se croit obligé de les abandonner, 410.

Antidate. — V. *Ordre*.

Apparaux. — V. *Agrès*.

Appel. Celui d'un jugement arbitral sur contestation entre associés se porte à la cour royale, 52. — Le tuteur ne peut renoncer à la faculté d'interjeter cet appel, 63. — A quelle cour l'appel des jugements des tribunaux de commerce est porté, et délai pour l'interjeter, 644 et 645. — Procédure à ce sujet, 648.

Apposition de scellés. — V. *Scellés*.

Arbitres. Quelles contestations doivent être jugées par eux, 51. — Actes ou consentement par lesquels ils sont nommés, 53. — En cas de partage, on nomme un sur-arbitre, 60. — Motifs, dépôt et exécution du jugement, 61. — V. *Appel*.

Argent. A qui remet-on celui du failli après la confection de l'inventaire, 491.

Armement. Au paiement de quels objets il est affecté, 320. — V. *Prêt*, *Primes*.

Arrestation. Cas dans lesquels elle peut avoir lieu à bord d'un navire, 231.

Arrêté de compte. — V. *Prescription*.

Arrêts. Ceux des cours de justice criminelle contre les banqueroutiers sont affichés, 599. — A qui sont adressés les arrêts de réhabilitation, 611.

Arrivée. Garantie du commissionnaire pour l'arrivée des marchandises, 97.

Assemblée de créanciers. — V. *Créanciers*.

Associés. Il y a solidarité entre les associés en nom collectif, 22. — Définition des associations commerciales en participation, et manière de les constater, 48 et 49. — V. *Sociétés*.

Assurance. Plusieurs assurances peuvent être contenues dans la même police, 333. — Objets que l'assurance peut avoir, 334. — Règles diverses en matière d'assurances, 335 s. — Obligations de l'assureur et de l'assuré, 349 s. — V. *Change*, *Contrat d'assurance*, *Courtiers*, *Délaissement*, *Prime*, *Réassurance*, *Risques*.

Assuré. Il peut faire assurer le coût de l'assurance, 342. — Lorsque l'assureur tombe en faillite avant la fin des risques, l'assuré peut demander caution ou la résiliation du contrat, 346.

Assureurs. Vérification et estimation auxquelles ils peuvent faire procéder lorsqu'ils supposent des falsifications dans l'assurance, 336. — L'assureur peut faire réassurer les effets qu'il a assurés, 342. — Justifications que le capitaine est tenu de faire aux assureurs en cas de pertes des marchandises assurées et chargées, 344. — Droit de l'assureur en cas de faillite de l'assuré avant la fin des risques, 346. — Cas où l'assureur ne reçoit qu'une partie de la prime convenue, 356 et 358. — Quels risques court l'assureur quand le capitaine a la liberté d'entrer dans différents ports pour compléter ou échanger son chargement, 362. — Actions non rece-

marchandises pendant la durée de l'arrêt, 278. — Quand le chargeur est tenu de fournir au capitaine les acquits des marchandises chargées, 282. — Le chargeur ne peut, en aucun cas, demander de diminution sur le prix du fret, 309. — Seul cas où il puisse abandonner les marchandises pour le prix du fret, 310.

Chartes-parties. Le capitaine doit les avoir à bord, 226. — Enonciations que doivent contenir les chartes-parties, affrétements ou nolissements, 273. — Principes sur cette matière, 274 s. — V. *Traduction.*

Citation. A qui les citations et significations sont faites pour la vente d'un navire, selon que le propriétaire est ou n'est pas domicilié dans l'arrondissement du tribunal, 201.

Clauses. Formalités prescrites pour les actes qui en contiennent de nouvelles dans une société, 46.

Collocation. Celle qui a lieu entre les créanciers privilégiés sur le prix d'un navire, 214. — Collocation des créanciers hypothécaires en cas de faillite, 539 s.

Collusion. Différentes sortes de collusions qui font réputer un failli banqueroutier frauduleux, 593.

Commandement. On ne peut procéder à la saisie d'un navire que vingt-quatre heures après le commandement de payer, 198. — Actions pour lesquelles le commandement doit être fait au capitaine ou au propriétaire du navire, 199.

Commanditaire. Nom sous lequel on désigne les associés en commandite, 23. — Le nom d'un associé commanditaire ne peut faire partie de la raison sociale, 25. — Il ne peut aucunement gérer les affaires de la société, 27 et 28. — V. *Sociétés.*

Commerce. A quelles personnes appartient le titre de commerçant, 1. — Autorisation dont les mineurs émancipés ont besoin pour faire le commerce ou pour les faits relatifs au commerce, 3. — Obligations des commerçants, 8 s. — V. *Marchande publique.*

Commettant. — V. *Commissionnaire, Recette.*

Commissaire. — V. *Juges-Commissaires.*

Commission rogatoire. Cas dans lequel les juges peuvent en adresser une au tribunal de commerce du lieu pour prendre connaissance des livres des négociants, 16.

Commissionnaire. Droits et devoirs de celui qui est ainsi qualifié, 91 et 92. — Il est privilégié pour le remboursement de ses avances et frais, 93 s. — Il est garant de l'arrivée des marchandises, des avaries, etc., 97 s. — Reçu qu'il doit donner des marchandises mentionnées dans le connaissement, 285.

Communication. Affaires dans lesquelles la communication judiciaire des livres et inventaires peut seulement être ordonnée, 14. — Pièces qui, pendant le cours de l'instruction d'un procès contre un prévenu de banqueroute, doivent être tenues en état de communication par la voie du greffe, 602.

Comparution. Effet du défaut de comparution des créanciers défaillants dans les délais fixés par le jugement du tribunal de commerce, 513.

Compensation. — V. *Déchéance.*

Compétence. Celle des tribunaux de commerce, 631. — Leurs attributions conférées aux tribunaux civils dans les lieux où il n'y a pas de tribunaux de commerce, 640.

Complices. Cas dans lesquels la femme d'un failli peut être poursuivie comme complice de banqueroute frauduleuse, 555 et 556. — Par quels délits est encourue la peine de complicité de banqueroute frauduleuse, 597 s. — V. *Créanciers.*

Compromis. Les arbitres nomment eux-mêmes un sur-arbitre en cas de partage, s'il n'est nommé par le compromis, 60. — V. *Arbitres.*

Comptables. Ils ne peuvent être admis au bénéfice de cession, 575. — Ni à la réhabilitation, 612.

Compte. Celui que les agents d'une faillite doivent rendre aux syndics provisoires, 481. — Compte à rendre par ces derniers aux syndics définitifs, 527.

Compte de retour. — V. *Retraite.*

Comptoir. — V. *Scellés.*

Concordat. Formalité à remplir avant qu'il puisse être consenti de traité entre les créanciers délibérants et le débiteur failli, 519. — Cas où il ne peut être fait aucun traité entre le failli et les créanciers, 521. — Dans quels cas les tribunaux de commerce connaissent des oppositions au concordat, 635. — V. *Homologation.*

Conditions. Les agents de change et les courtiers doivent insérer dans leurs livres les conditions des ventes, achats, assurances, négociations, etc., 84.

Congés. — V. *Droits.*

Connaissement. En quoi il consiste, 222. — Le capitaine du navire doit l'avoir à bord, 226. — Formalités particulières au connaissement, 281 s. — Les gens de l'équipage qui apportent des pays étrangers des marchandises assurées en France, sont tenus d'en laisser un connaissement entre les mains du consul de France ou d'un Français no-

E.

G.

H.

cordat passé entre le failli et les créanciers, 524. — Effet de l'homologation, *ibid.*—Les syndics provisoires sont tenus de faire inscrire le jugement d'homologation aux hypothèques, *ibid.* — Ils rendent leur compte définitif au failli après la signification de l'homogation, 525.—Causes pour lesquelles l'homologation peut être refusée, 526. — Si le tribunal l'accorde, il déclare le failli excusable et susceptible d'être réhabilité, *ibid.*

Huissiers. Ils doivent se faire accompagner de deux témoins pour les protêts faute d'acceptation ou de paiement, 173.— Formalités qu'ils doivent observer, à peine de destitution, dépens, dommages et intérêts, 176.

Hypothèque. Autorisation nécessaire aux mineurs marchands et aux femmes marchandes publiques pour hypothéquer leurs immeubles, 6 et 7.— On ne peut acquérir hypothèque sur les biens du failli dans les dix jours qui précèdent l'ouverture de la faillite, 443. — V. *Inscription.*

I.

Immeubles. — V. *Aliénation, Engagements, Hypothèque, Ventes.*

Indemnité. La lettre de voiture doit énoncer l'indemnité due pour cause de retard, 102. — Indemnité à laquelle ont droit les matelots en cas de rupture du voyage pour lequel ils ont été loués, 252. — Principes sur l'indemnité dans le cas où le matelot est pris dans le navire et fait esclave, et lorsqu'il est congédié, 267 s. — V. *Agents d'une faillite, Capitaine.*

Innavigabilité. Les objets assurés peuvent être délaissés en cas d'innavigabilité par fortune de mer, 369. — Condition nécessaire pour que le délaissement puisse être fait à ce titre, 389. — Notification de l'innavigabilité que l'assuré est tenu de faire, 390. — Diligences à faire, dans ce cas, par le capitaine, pour se procurer un autre navire, 391.

Inscription. Les agents et les syndics d'une faillite sont tenus de requérir l'inscription aux hypothèques sur les immeubles du débiteur du failli, 499. — Inscription qu'ils doivent prendre, au nom de la masse des créanciers, sur les immeubles du failli, 500.

Instruction. Celle qui a lieu devant les tribunaux de commerce, 627, 642 s.—Et, à leur défaut, devant les tribunaux civils, 641.

Interdiction de commerce. Lorsque avant le départ d'un navire, il y a interdiction de commerce avec le pays pour lequel il est destiné, les conventions se trouvent résolues, 276.

Intérêt. De quel jour est dû l'intérêt du principal de la lettre de change protestée faute de paiement, 184. — Celui des frais de protêt, rechange, etc., 185. — Dépôt de fonds de la caisse de faillite dans celle d'amortissement pour faire courir les intérêts, 497.

Interpellation judiciaire. — V. *Prescription.*

Interprète. Il y a des courtiers interprètes, 77 et 80. — V. *Truchement.*

Intervention.—V. *Acceptation, Paiement.*

Inventaire. Les commerçants sont tenus de faire, tous les ans, celui de leurs effets et de leurs dettes, 9.— Livre des inventaires, 10 et 11. — Inventaire des biens d'un failli à la requête des syndics provisoires, 486. — Les meubles et effets du débiteur sont remis à ces syndics, qui s'en chargent au pied de l'inventaire, 491.— V. *Communication.*

J.

Jet. Les pertes et dommages résultant du jet d'une partie des marchandises à la mer, sont à la charge des assureurs, 350.— Avis d'après lequel le capitaine d'un navire peut se déterminer à faire ce jet, 410. — Choix qui a lieu, à cet effet, parmi les objets chargés, 411.— Ce que doit contenir la délibération prise en cette circonstance, et sa transcription sur le registre, 412. — Affirmation de cette délibération, 413. — Etat des pertes, 414.—Estimation des marchandises jetées, 415. — Répartition des pertes et dommages, 416 s. — Objets qui ne contribuent point au jet, 419. — Effets qui ne sont pas payés s'ils sont jetés, 420. — Ce qui a lieu relativement aux effets chargés sur le tillac, 421. — Règles sur les cas où la contribution a ou n'a pas lieu, 422 s.— Cas où il y a lieu au rapport de ce que le capitaine et les intéressés ont reçu dans la contribution, 429.

Jeu. Le commerçant failli peut être poursuivi, lorsqu'il est reconnu qu'il a consommé de fortes sommes au jeu ou à des opérations de pur hasard, 586.

Journal. — V. *Livre-journal*

Journaux. On y insère les demandes en cession de biens, 569.—Les jugements rendus contre les banqueroutiers simples, 592. — Les arrêts des cours de justice criminelle contre les banqueroutiers frauduleux, 599. — Les demandes en réhabilitation, 608. — V. *Saisie.*

Jours fériés. A quelle époque est paya-

M.

O.

P.

PILOTAGE. Les droits de pilotage, etc., sont des dettes privilégiées, 191. — L'assureur n'est pas tenu du pilotage, touage et lamanage, 354.

PLAIDOIRIE. Autorisation nécessaire de la partie pour plaider dans un tribunal de commerce, 627.

POIDS. Celui des objets à transporter doit être exprimé dans les lettres de voiture, 102.

POLICE d'assurance. Plusieurs assurances peuvent être contenues dans la même police, 333. — Ce que doit indiquer la police dans les assurances pour les Echelles du Levant, etc., 337. — On doit désigner dans la police les marchandises sujettes à détérioration ou susceptibles de coulage, 355. — Délai pour la prescription d'actions dérivant d'une police d'assurance, 432. — V. *Contrat d'assurance.*

PORT. — V. *Tonnage.*

PORTE-FEUILLE. — V. *Scellés.*

PORTEUR. Délais dans lesquels les porteurs de lettres de change doivent en exiger le paiement ou l'acceptation, suivant les lieux d'où elles sont tirées, 160. — Ce paiement doit être fait le jour de l'échéance, 161. — Le refus doit être constaté le lendemain par un protêt faute de paiement, 162. — Action en garantie du porteur d'une lettre de change protestée faute de paiement, 164 et 165. — Il peut d'ailleurs, avec la permission du juge, saisir conservatoirement les effets mobiliers des tireurs, accepteurs et endosseurs, 172. — V. *Garantie*, *Protêt.*

POURVOI en cassation. Il peut avoir lieu relativement à un jugement arbitral, 52.

POUVOIR. Comment doit être donné celui qui est nécessaire pour plaider une cause devant un tribunal de commerce, 627.

PRESCRIPTION. Celle qui a lieu relativement aux actions contre les associés non liquidateurs et leurs veuves, héritiers ou ayant-cause, 64. — Délai après lequel sont prescrites les actions contre les commissionnaires et voituriers, à raison de la perte ou de l'avarie des marchandises, 108. — Prescription contre les actions relatives aux lettres de change et billets à ordre pour faits de commerce, 189. — Le capitaine ne peut acquérir la propriété du navire par voie de prescription, 430. — Délai pour la prescription de l'action en délaissement et de toute autre dérivant d'un contrat à la grosse ou d'une police d'assurance, 431 et 432. — Prescription des actions en paiement de fret de navire, de nourriture, de salaire, etc., 433. — La prescription ne peut avoir lieu, s'il y a cédule, obligation, arrêté de compte ou interpellation judiciaire, 434.

PRÉSENCE. Le protêt doit énoncer la présence ou l'absence de celui qui est tenu de payer une lettre de change, 174.

PRÉSENTATION. Une lettre de change à vue est payable à sa présentation, 130.

PRÉSIDENT du tribunal de commerce. Comment et dans quel délai il doit ordonner l'exécution d'un jugement arbitral, 61. — A qui il transmet les renseignements sur la demande en réhabilitation du failli, 609.

PRÉSOMPTION. Cas où celle des pertes ou de l'arrivée annulle l'assurance, 365.

PRÊT. Les sommes prêtées au capitaine pour les besoins du bâtiment pendant le dernier voyage, sont des frais privilégiés, 191. — Il en est de même de celles prêtées à la grosse pour radoub, victuailles, armement et équipement du navire avant son départ, *ibid.* — Manière de constater les sommes prêtées, 192.

PRÊT à la grosse. Tout acte de prêt à la grosse peut être négocié par la voie de l'endossement, s'il est à ordre, 313. — Sur quoi s'étend la garantie de paiement, 314. — Prêt prohibé, 319. — Objets qui sont affectés, par privilége, au capital et aux intérêts de l'argent donné à la grosse, 320 s. — Perte entière qui ôte la faculté de réclamer le montant du prêt, 325. — Pertes qui ne sont pas à la charge du prêteur, 326. — Avaries auxquelles les prêteurs contribuent, à la décharge des emprunteurs, 330. — V. *Contrat à la grosse.*

PRÊTE-NOM. Le failli qui a fait des acquisitions, à la faveur d'un prête-nom, est réputé banqueroutier frauduleux, 593.

PREUVE. On n'admet point la preuve par témoins à l'égard des actes de société, quand il s'agirait d'une somme au-dessous de 150 fr., 41. — La preuve testimoniale peut être admise pour constater les achats et les ventes, 109. — V. *Livres.*

PRÉVARICATIONS. Celles de l'équipage dont l'assureur n'est pas tenu, 353.

PRIMES. Le taux de celles accordées pour les voyages de mer ou de rivières est certifié par les courtiers d'assurance, 79. — Primes d'assurance sur armement et équipement, etc., qui sont au nombre des frais privilégiés, 191. — Manière de les constater, 192. — Quotité à laquelle peut être fixée la prime de réassurance, 342. — Cas où la prime est acquise à l'assureur, 351. — A quoi est réduite la prime de l'assureur, relativement aux marchandises qui doivent aller et revenir, 356. — Cas où une double prime est payée par l'assureur ou par l'assuré, 368.

PRISE. Les pertes et dommages résultant de la prise d'un navire, sont à la charge des

Q.

R.

— Ce que c'est que la retraite par laquelle s'effectue le rechange, 178. — Elle est accompagnée d'un compte de retour, 180. — V. *Rechange*.

Revendication. Quelles marchandises le vendeur peut revendiquer en cas de faillite, 576. — Circonstances pendant lesquelles seules la revendication peut avoir lieu, 577. — Cas où les marchandises ne peuvent plus être revendiquées, 578. — Indemnités dues par le revendiquant à l'actif du failli, 579. — Identité des marchandises nécessaires pour autoriser la revendication, 580. — Durée indéfinie de la faculté de revendiquer les marchandises consignées au failli à titre de dépôt, 581. — La revendication considérée relativement aux remises et effets de commerce, 583 et 584.

Risques. Durée du temps des risques à l'égard du navire, des agrès, etc., et des marchandises, 328. — Temps des risques par rapport au contrat d'assurance, 341. — Quelles pertes sont aux risques des assureurs, 350. — V. *Assurance*.

Rôle d'équipage. Le capitaine d'un navire est tenu de l'avoir à bord, 226. — Ce rôle sert à constater les conditions d'engagement, 250. — Le matelot congédié avant la clôture du rôle n'a pas droit à une indemnité, 270.

Route. Les pertes et dommages causés par changement forcé de route du vaisseau sont à la charge des assureurs, 350.

S.

Saisie. Tous bâtiments de mer peuvent être saisis et vendus par autorité de justice, 197. — Délai pour y procéder après le commandement, 198. — Enonciations que doit contenir le procès-verbal de saisie, 200. — — Etablissement de gardiens, *ibid.* — Délai pour la notification du procès-verbal de saisie et la citation, 201. — Nombre des criées et publications pour la saisie d'un bâtiment au-dessus de dix tonneaux, 202. — Seules causes pour lesquelles on puisse saisir un bâtiment prêt à faire voile, 215. — V. *Affiches*.

Saisie immobilière. Le porteur d'une lettre de change protestée faute de paiement, peut, avec la permission du juge, faire saisir conservatoirement les effets mobiliers du tireur, des accepteurs et des endosseurs, 172.

Salaires. Délai pour la prescription du paiement de salaires d'ouvriers employés aux constructions maritimes, 433.

Sauf-conduit. Le juge-commissaire peut, après l'apposition des scellés, proposer la mise en liberté du failli avec sauf-conduit, 466. — A défaut de cette proposition par le commissaire, le failli peut en présenter la demande au tribunal de commerce, 467. — Appel du failli par les agents, lorsqu'il a obtenu un sauf-conduit, 468. — Cas dans lequel il ne peut être proposé par le commissaire, ni accordé par le tribunal, de sauf-conduit au failli, 490. — Le failli qui, ayant obtenu un sauf-conduit, ne se représente pas à justice, est réputé banqueroutier frauduleux, 594.

Sauvetage. — V. *Contrat à la grosse*.

Scellés. Le tribunal de commerce doit ordonner l'apposition des scellés aussitôt qu'il a connaissance de la faillite, 449. — La notoriété publique suffit pour autoriser le juge de paix à cette apposition, 450. — Les scellés peuvent être apposés sur les magasins, comptoirs, caisses, porte-feuilles, livres, registres, papiers, meubles et effets du failli, 451. — Livres et papiers extraits des scellés, et remis aux agents, 463. — Levée des scellés à la requête des syndics provisoires, 486. — Le failli doit y être présent ou dûment appelé, 487.

Séparation de biens. De quelle manière la demande en doit être poursuivie, instruite et jugée, 65. — Tout époux séparé de biens, ou marié sous le régime dotal, doit, s'il embrasse la profession de commerçant après son mariage, remettre l'extrait du contrat pour l'affiche, 69. — Même injonction, dans le même cas, aux époux exerçant la profession de commerçant à l'époque de la publication du Code, 70.

Séparation de corps. Formalités auxquelles sont soumis les jugements prononçant une séparation de corps ou un divorce entre mari et femme dont l'un serait commerçant, 66.

Séquestre. Cas où l'on peut ordonner celui des objets transportés, 106.

Serment. A qui le juge peut le déférer en cas de représentation de livres, 17. — Serment que doivent prêter les agents d'une faillite, 461. — V. *Affirmation*.

Signatures. Quotité de celles de crédit ou de circulation qui peut faire réputer un failli banqueroutier simple, 586. — V. *Filles*.

Signification. Délai pour la signification du délaissement des objets assurés, 374. — Dans quel autre délai l'assureur est tenu de payer l'assurance, 382. — Délai pour la signification à l'assureur, en cas d'arrêt des marchandises de la part d'une puissance, 387. — Dans quels délais les objets arrêtés peuvent ensuite être délaissés, *ibid.* — L'assuré est tenu de signifier à l'assureur la composition qu'il a faite pour le rachat des effets en cas de prise, 395. — L'assureur

peuvent traduire les banqueroutiers simples devant les tribunaux de police correctionnelle, 588.—Ils sont tenus de remettre aux procureurs du Roi les titres qui leur sont demandés, 601.—Les pièces dont le jugement contre les banqueroutiers n'ordonne pas le dépôt judiciaire, sont remises aux syndics, qui en donnent décharge, 603.—V. *Homologation*.

T.

Tableau. Celui des profits, des dépenses et des pertes que le bilan doit contenir, 471.—Tableau placé dans l'auditoire du tribunal de commerce de la maison commune, où l'on insère les nom, prénoms, profession et demeure du débiteur admis au bénéfice de cession, 573.—V. *Bijoux*.

Témoins.—V. *Preuve*.

Tempête. Les pertes et dommages qu'elle cause, sont à la charge des assureurs, 350.

Tiers. Les associés ne peuvent opposer à des tiers l'inobservation des formalités prescrites pour les actes de société, 42.—Les lettres de change peuvent être tirées à l'ordre d'un tiers, 110.—L'aval peut aussi être donné par un tiers, 142.

Tireur. Obligations de celui d'une lettre de change, 118 et 120.—V. *Tiers*.

Titres. Après la clôture de l'inventaire, les titres actifs du failli sont remis aux syndics provisoires, 491.—Le procès-verbal de vérification des créances doit contenir la description sommaire des titres, 505.—Déclaration que les syndics signent sur chaque titre lorsque la créance n'est pas contestée, 506.—V. *Transfert*.

Tonnage. Les chartes-parties et les connaissements doivent faire mention du tonnage des navires, 273 et 281.—Dommages-intérêts dont est tenu le capitaine qui a déclaré le navire d'un port plus grand qu'il n'était en effet, 289.—Quantité dont la différence fait qualifier la déclaration d'erronée, 290.—V. *Droits*.

Tonne.—V. *Droits*.

Touage.—V. *Pilotage*.

Traduction. A qui appartient le droit de traduire les déclarations, chartes-parties, connaissements, contrats et tous autres actes de commerce, en cas de contestation devant les tribunaux, 80.

Traité.—V. *Concordat*.

Transactions. Le cours du change, etc., est déterminé par le résultat de celles qui s'opèrent à la bourse, 72.

Transfert. Déclaration de transfert au moyen de laquelle s'opère la cession d'une action de société anonyme, 36.

Transport. Cas dans lequel celui d'une lettre de change n'est pas opéré par l'endossement, 138.—V. *Chargement*, *Lettre de voiture*, *Marge*.

Travaux. Ceux faits pour l'armement et l'équipement d'un navire sont des dettes privilégiées, 191.

Tribunaux de commerce. Etats arrêtés par les présidents de ces tribunaux, et pièces dont un double est déposé au greffe, 192.—Le rapport du capitaine à son arrivée se fait devant le président et se dépose au greffe, 243.—Déclarations à faire au président du tribunal de commerce lorsque le capitaine relâche dans un port français, 245.—Circonstance qui autorise le tribunal à ordonner l'apposition des scellés pour une faillite, 449.—Jugement par lequel il déclare l'époque de l'ouverture de la faillite, 454.—Les marchandises non dépérissables ne peuvent être vendues par les agents qu'avec sa permission, 464.—Il statue sur les demandes de sauf-conduit, 467.—Les syndics provisoires sont par lui nommés, 480.—Renvoi des parties devant le tribunal, lorsque les créances sur le failli sont contestées, 508.—Le tribunal peut ordonner une enquête sur les faits, 509.—Il peut également fixer un nouveau délai pour la vérification, 511.—Cas où il peut accorder des secours au failli, 530.—Le tribunal peut autoriser l'union des créanciers à traiter a forfait des droits et actions dont le recouvrement n'a pas été opéré, 563.—C'est à l'audience de ce tribunal que le failli doit réitérer la cession de ses biens, 571.—La déclaration du failli est inscrite sur un tableau placé dans l'auditoire, 573.—Compétence des tribunaux de commerce, 631 s.—Dans quels cas ils jugent en dernier ressort, 639.—Quels tribunaux suppléent ceux de commerce dans les arrondissements où il n'en existe pas, 640.—Forme de procéder devant les tribunaux de commerce, 642.—Où sont portés les appels de leurs jugements, 644.—Délai pour interjeter appel, 645.—Cas où l'appel n'est pas recevable, 646.—Les cours d'appel ne peuvent surseoir aux jugements des tribunaux de commerce, 647.—Comment doivent être instruits les appels de ces jugements dans les cours, 648.

Tribunaux de police correctionnelle. Ils connaissent du délit de banqueroute simple, 588.—Ils doivent, suivant l'exigence des cas, prononcer un emprisonnement, 592.

Truchement. Quels courtiers ont droit de servir de truchement, dans les affaires contentieuses de commerce, aux étrangers et aux personnes de mer, 80.

FIN DE LA TABLE GÉNÉRALE DES MATIÈRES.

LIVRES EN VENTE CHEZ LE MÊME LIBRAIRE :

Les Six Codes in-octavo grand-raisin, précédés de la Charte constitutionnelle et de ses lois organiques, accompagnés du texte annoté des lois qui ont abrogé ou modifié plusieurs de leurs dispositions et de l'indication de leurs articles corrélatifs; suivis d'un Appendice progressif, comprenant les lois et ordonnances principales formant le complément des Codes, et rendues jusqu'à ce jour, auquel pourront être successivement ajoutées celles qui seraient promulguées à l'avenir; et d'une table analytique générale.

1 vol. de 1000 pages : texte, caractère, chiffres et justification semblables à ceux du Code de Commerce. Pap. des Vosges satiné, *grande marge*. 9 fr.

Les Six Codes in-quarto, précédés de la Charte constitutionnelle et de ses lois organiques ; accompagnés, etc.

1 vol. de 1000 pages, texte, caractère, chiffres et justification semblables à ceux du Code de Commerce, et destiné aux Annotations marginales. Papier des Vosges *collé* et satiné. 15 fr.

Notre édition des Six Codes in-octavo grand-raisin et in-quarto, offre un avantage qu'aucune autre ne peut offrir, celui de pouvoir toujours être tenue au complet. Les Codes et les Lois additionnelles sont paginés isolément; la table générale est le lien qui les rattache les uns aux autres : lorsqu'un nouveau Code, lorsqu'une loi ou une ordonnance nouvelle d'une grande importance seront promulgués, ils seront ajoutés à l'édition actuelle, sans déranger l'ordre de notre publication, et avec un supplément des matières à la table générale; cette addition sera délivrée, avec une nouvelle couverture, aux personnes qui auraient acheté les Six Codes, et moyennant une légère rétribution.

Les Six Codes in-octavo, imprimés sur papier grand-raisin, laissent une marge qui permet de les relier sans craindre de déformer le volume. Les Six Codes in-quarto, imprimés sur papier collé, conviennent aux surcharges manuscrites.

Le Code Civil, accompagné du texte annoté des lois qui ont abrogé ou modifié plusieurs de ses dispositions, et de l'indication de ses articles corrélatifs; suivi d'un Appendice comprenant les lois sur le notariat, la contrainte par corps, l'interprétation des lois, les expropriations pour cause d'utilité publique; un Tableau des distances de Paris aux chefs-lieux de départements, le rapport des mesures anciennes et nouvelles; un Tableau de la dépréciation des assignats, la concordance des deux calendriers, etc.; et d'une table analytique générale.

1 vol. de 400 pages, caractère, chiffres et justification semblables à ceux du Code de Commerce. Pap. des Vosges sat. 3 f. 50 c.

Le Code de Procédure civile in-octavo, accompagné du texte annoté des lois qui ont abrogé ou modifié plusieurs de ses dispositions, et de l'indication de ses articles corrélatifs; suivi du décret du 2 février 1811 sur la saisie immobilière, et des lois sur la contrainte par corps, des tarifs des frais et dépens en matière civile, du tableau des distances, etc., et d'une table analytique générale.

1 vol. de 200 pages, caractère, chiffres et justification semblables à ceux du Code de Commerce; fin des Vosges satiné. 2 f.

PARIS. — IMPRIMERIE DE CASIMIR, RUE DE LA VIEILLE-MONNAIE, N° 12,
Près la rue des Lombards et la place du Châtelet.

www.ingramcontent.com/pod-product-compliance
Ingram Content Group UK Ltd.
Pitfield, Milton Keynes, MK11 3LW, UK
UKHW021726090726
13657UKWH00002B/531

9 782019 629847